企业交互性及对创新能力作用机理

许广永　著

中国财经出版传媒集团
经济科学出版社
Economic Science Press

图书在版编目（CIP）数据

企业交互性及对创新能力作用机理/许广永著．—北京：经济科学出版社，2018.5

ISBN 978-7-5141-9339-8

Ⅰ.①企… Ⅱ.①许… Ⅲ.①企业创新-研究 Ⅳ.①F273.1

中国版本图书馆 CIP 数据核字（2018）第 104189 号

责任编辑：黄双蓉
责任校对：郑淑艳
责任印制：邱 天

企业交互性及对创新能力作用机理
许广永 著
经济科学出版社出版、发行 新华书店经销
社址：北京市海淀区阜成路甲 28 号 邮编：100142
总编部电话：010-88191217 发行部电话：010-88191522
网址：www.esp.com.cn
电子邮件：esp@esp.com.cn
天猫网店：经济科学出版社旗舰店
网址：http://jjkxcbs.tmall.com
固安华明印业有限公司印装
710×1000 16 开 13.25 印张 230000 字
2018 年 5 月第 1 版 2018 年 5 月第 1 次印刷
ISBN 978-7-5141-9339-8 定价：41.00 元
（图书出现印装问题，本社负责调换。电话：010-88191510）

目 录
CONTENTS

第 1 章

绪　论

企业持续发展的动力来自创新，在一个开放式经济的背景下，企业除了要增强自身的研发能力以外，还需要关注企业以外的诸多因素。目前，企业通过与外界实体间的合作及交流，来实现创新的现象越来越多。企业基于与外部相关主体之间的交互，发现和传递新的知识，对企业创新能力的影响越来越明显。

1.1　研究背景与问题的提出

1.1.1　现实背景

21 世纪已步入全球化和知识经济时代，知识的创造，特别是技术创新是推动这个时代前进的主要动力。对于企业而言，创新是企业的发展动力，只有持续创新的企业才能满足日益变化的市场需求，才能不断提高市场竞争力。随着创新复杂性和不确定性的增加，企业不可能只在组织内部获取创新所需的信息与知识，创新活动的价值链也难以全部纳入企业内部完成。封闭式的创新将明显无法适应产品更新换代，企业不得不在创新的各个阶段寻求合作（Escribano et al.，2009）。因此，现代的创新模式发生了变化，创新不再是简单的原子式过程，而是一个交互合作的过程，也是一个不断形成企业合作创新网络的过程，创新过程中，企业的交互状况对于创新成功非常重要（Lagendijk & Charles，1999）。

如今，在网络化的经济环境中，例如企业集群、创新网络中，货物、服务和知识技术的供应商和购买者之间存在大量的交互作用。表现出的典型特点是：（1）公司间密集的相互联系；（2）技术外溢和外部性；（3）参与者间的相互作用和相互影响。一些实证研究也表明，通过创新网络内公司间的交互作用最有可能有效地提升生产能力和产生创新（Marceau et al.，1997），新技术的开发和使用需要与用户紧密沟通，也需要与原材料供应商以及生产和创新网络中的其他组成部分密切联系。已经从实践中得出的基本观点是，创新链不同部分之间的交互作用，特别是用户与中间产品生产商之间、企业与更广泛的研究机构之间的交互作用，对于成功的创新具有非常重要的作用（Morgan & Crawford，1996）。

实践表明，创新是一个不断深入的交互、进化的复杂过程，作为创新系统中的重要创新主体，单个企业越来越不可能完全依赖自身来完成产品的全部创新活动，由多个企业构成的网络化创新过程模式越来越常见。因此，一方面，企业有加强与创新系统内其他相关主体联系的要求，另一方面，如何在合作联系过程中，以及在创新环境中快速获取新的信息及知识并应用它们，进而获得独特的竞争优势，已然是困扰企业的一个难题。企业要解决上述难题，必须要认识到创新存在于广泛的生产商、供应商、客户等不同主体的交互关系中，利用和管理好这种交互特性是企业提高创新能力和成功创新的必要条件。因此，搞清企业的这种交互性结构维度、交互性与创新能力的关系，以及如何构建和管理企业的交互性，已经成为创新实践中亟待解决的问题，这对于促进企业创新能力的持续提升，保持其可持续竞争优势将是至关重要的。

1.1.2 理论背景

自 20 世纪 70 年代中期开始，一些学者已经发现，商业领域内相关主体间建立联系并进行有效的互动将对取得创新的成功产生明显的影响。这种交互特性所产生的作用在后来提出的企业网络情境下的创新中被充分体现出来。生产商与供应商之间的交互、生产者和使用者之间的交互关系和作用，与技术创新及组织创新具有显著的相关性（Håkansson & Group，1982；Mattsson，1978）。80年代后期，伦德维尔（Lundvall，1985，1988）等学者认为创新应当采用系统的方法，他反对创新是“推”或“拉”的范式，并深刻地认识到生产者和使用者之间的交互对于创新过程产生深刻的影响，他认为：“如果创新过程是一个黑箱的话，供给学派关注的是箱底的研发，期望产生的结果在箱顶出现；需求学派处于箱顶的需求变化将对处于箱底的研发产生影响；而生产者与使用者间的交互过程，就是这个黑箱的内部空间”（Lundvall，1985）。

随着企业创新对外部资源的依赖性越来越大，企业与相关主体间的交互创新受到广泛关注，该创新形式越来越成为取得创新成功的重要形式之一。创新成功越来越依靠与外部因素的交互，这种观点受到了很多实证研究的支持，例如兰德里和阿马拉（Landry & Amara，1998）通过案例研究表明，创新绩效更佳的企业比创新欠佳的企业和外界有更多的思想、信息及技术交流与互动。同时，越来越多的学者支持企业创新是一个交互的复杂过程，包括企业与基础研究机构之间、生产者与客户之间、企业与制度环境之间等，这个交互过程很大程度上是一个相互学习的过程，并且受到一系列制度性安排的影响（Lundvall，1992；OCDE，1992）。英国学者摩根（Morgan，1997）也撰文介绍了交互创新理论，依据这一理论，创新是企业、科研机构、跨企业层次的使用商、制度环境之间及各自内部一个相互影响、相互作用、相互学习的交互过程；拉马尼和库玛（Ramani & Kumar，2008）提出互动导向的概念，认为企业需要从战略的角度看待互动，即建立互动导向型组织，他们认为企业应该积极与顾客互动，并在互动过程中积极收集顾客的反馈信息，从而与顾客建立长期和互为利益的关系，对企业自身的发展是非常必要的；国外自20世纪80年代以来，对组织间关系的研究十分活跃，从不同的理论观点和视角讨论公司及其伙伴间的关系。其中，组织关系理论（Burt，1992）得到广泛应用，随着这方面研究的发展，研究者逐步认识到企业间关系对创新的重要作用，并认为创新是一个跨多个知识领域和组织的复杂过程，是企业和外部相关主体间复杂交互作用的结果（Robertson & Gatignon，1998；Sivadas & Dwyer，2000）。另外，随着企业网络研究的不断发展，人们发现网络关系实质是一种交互关系。知识经济背景下，随着组织网络化发展和创新过程的日益复杂，创新不再单属于个体或者企业自己，而更多以企业内嵌的网络形式发展（Powell et al.，1996）；创新的成功不仅需要企业自身的知识积累，而且企业所处的网络关系对其创新也具有重要的促进作用（Zaheer & Bell，2005）；创新研究的视野从单个企业内部转向企业与外部不同主体及环境的联系和互动，导致了创新的网络范式的兴起，它强调创新是各个行为主体交互作用的过程，这种交互发生在企业与基础研究机构之间、生产商与用户之间，以及企业与更广的制度环境之间（Asheim & Isaksen，1997）。

从创新过程来看，它具有双重性特点，一方面，它是新思想的结果，例如材料新使用方法、资源的新组合、解决问题的新方法等，它是多方面的创造过程的结果，这个创造过程中含有大量的要素，包括探索未知的、意想不到的甚至往往不可能的，以及具有创意的企业家非理性和他们的无限想象力。另一方面，创新过程也必须是物质的和社会的诸多要素相互作用的结果，它是受到一定客观环境影响和限制的。为了取得创新的经济可行性，新的创新必须系统地整合与企业相关的现有资源、活动和参与人员，为了达到积极的创新效果，必须通过大量的交互作用去系统构建现有经济体系（Håkansson & Waluszewski，2011）。

企业与外部相关主体交互所产生的促进创新的效用，在以往的研究中多次被不同领域的研究者提出来，例如经济史、商业研究、技术史、科学史、社会学、人类学等。同时，越来越多的国家在政府文件中也强调了学术成果的迁移和公共研究成果溢出正成为创新的重要来源。可见，企业与外部相关主体的交互对创新的效用客观存在，不会因为空间距离和技术障碍而消失。但是，当前的创新政策及企业管理，还没有给基于企业与外部相关主体交互的创新活动给予足够的重视，也没有充分开发它的价值（Basalla，1988；Fridlund，1999；Grandin et al.，2004；Håkansson，1987；Håkansson & Waluszewski，2007；Hoholm，2009；Ingemansson，2010；Nowotny，2005；Rosenberg，

1982，1994；Waluszewski，2009）。

从以上分析可以看出，虽然一些学者对企业创新过程中的交互行为及交互关系比较关注，也发现企业与外部相关主体的交互关系对企业创新具有显著影响，特别是交互式学习对创新能力的作用，但是，就目前的研究来看，还缺乏深入研究企业与外界相关主体交互的特性，以及这种交互特性与企业创新能力之间的关系。

1.1.3 问题的提出

综合上文实践背景和理论背景可以发现，企业与外部相关主体之间的交互对于企业创新的意义已经非常明显，但是对于这种交互特性的探讨和研究还比较零散，也不够透彻。因此，深入剖析企业与外部相关主体间的交互关系和行为，理应受到创新理论研究的重视，同时企业也亟须正确把握这种交互关系和行为，并充分利用它，这样才能有效促进企业创新能力的提升。然而，就目前来看，这方面的研究还存在一些不足。

第一，对企业交互的特性认识还不够清晰。过去主流研究思想为商业领域内的许多企业是相互独立的，它们各自制定和执行自己的战略与战术。交互在现实中是一个非常有意义的现象，作为一个构念，也是非常有价值的。在现实中，交互帮助我们理解个人以及组织之间是如何相互影响的；作为一个理论构念，如在市场理论中，它是市场成员间重要的运作机制。但是，交互在市场理论的范畴内使用太狭隘，过于关注价格方面（Swedberg，1993）。对商业发展中的交互性缺乏关注是非常不幸的一件事，因为在过去的20多年时间里，商业领域的变化是系统和全面的，商业交互已经变得越来越常见和重要（Johnson et al.，2005）。例如，在研究B2B（business to business）市场时，通过商业关系的解释和分析，一直都在试图寻找更多维度和更加宽广的途径去研究交互特性。如今，人们以更加符合现实的视角，形成新的观点，认为商业领域内的成员之间相互依赖、相互连接、形成网络、互相影响。一些研究，例如IMP（industrial marketing and purchasing）研究小组，就致力于探索和验证商业领域内成员间的关系的新特性和结构，以及形成网络的方式与途径，这方面的研究表明，企业和外部相关主体间的这种关系，从时间和空间上都超越了对个别企业所具有的行为和特征，我们必须面对网络复杂性这一现实情况，更加关注企业与外部相关主体之间的相互连接和相互影响。

因此，“交互”一词在管理领域内的学术研究中频繁出现，一些研究提及交互、交互效果，以及交互对企业管理的意义。随着企业管理领域内技术密集性发展趋势和与其相关的成本压力的增大，导致企业更加专业化发展，同时企业与外部相关主体之间也越来越相互依赖。随着相互依赖性的增强，同时由于企业与外部相关主体之间沟通更加便利，在管理领域里，更多更复杂的交互发生在更加广泛的资源和操作方法等方面。但是，目前来看，只有少数学者试图发现和验证交互的特性和维度，要清楚地认识企业交互性，还有很长的路要走，目前甚至对哪些主题和问题应该列为重要的研讨范畴还不清楚。

第二，缺乏企业交互性对创新能力影响的研究。很多情况下，商业领域内，成员之间较少联系，甚至是一种对抗关系，这与传统商业运作以竞争为主，以及注重低价格竞争方式是一致的（Dubois & Gadde，2002）。从网络的视角来看，产品开发与创新在缺少交互的情况下，取得创新的条件相对匮乏，任何新的解决方案必须融入一个网络中才能实现，创新是一个囊括多方参与者和资源的交互过程。多方参与者和资源之间、生产者和使用者之间的交互激发了创新过程的开始（Håkansson & Group，2009）。格兰特（Grant，1996a）关于知识整合的研究中，他强调如果企业最重要的资源是知识，并且这些知识以专有形式存在于不同的组织成员中，那么创新能力的本质就是整合不同成员的专有知识。企业创新过程中面临的关键问题是，如何通过与外部成员之间进行有效交互，实现外部知识的利用，进而完成企业的创新目标。为了能更好地利用外部知识，企业与外部成员进行有效交互，将是企业实现有效整合外部知识的必然选择。通过外部知识整合，处理了两个重要层面的问题：（1）当企业想利用外部知识时，将会面对一个开放的、无边界的和不断变化的一系列异质性知识，企业必须学会发现和区分这些相关的或无关的知识，这意味着企业不得不处理好自身与外部成员之间的互动关系；（2）相关的知识内嵌于或属于某些组织或个人，这些组织或个人可能处在与自身完全不同的情境中，为了有效整合这些异质性知识，企业必须连接不同来源的有用知识，处理好不同主体的知识异质性。企业在与外部成员的交互过程中获取有用的知识，这种交互性会影响企业的创新能力。

从以上分析可以看出，企业这种交互特性对其创新能力有重要影响，因此，有必要采取更加深入的研究，从企业层面出发，探索企业交互性的含义和构成要素，进而构建“企业交互性→企业创新能力”的分析框架，从而深入揭示企业交互性对企业创新能力的作用机制。

1.2 研究意义

1.2.1 理论意义

概括来说，本研究主要包括以下三个方面的理论意义：

第一，清晰化企业交互性的内涵，拓展了对企业与其他企业或机构之间交互关系的研究。当前对企业与其他企业或机构之间关系的研究多数集中于企业与它们之间的结构性关系，较少针对企业交互性进行分析，对其维度及由维度决定的交互机制更少涉及。本书在研究企业交互性对企业创新能力影响的过程中，对企业交互性进行了深入分析，明确了企业交互性的结构维度，并在此基础上选取了对应的变量进行测量，是对企业交互性研究的丰富和扩展。

第二，进一步推动了企业与外部相关主体之间的交互特性对企业创新能力作用机理的研究。以往，对于企业创新相关的交互作用的研究，以宏观层面的研究较为常见，例如，罗思韦尔和泽福德（Rothwell & Zegveld，1985）提出技术创新的交互关系模型反映了科学、技术和市场交互作用的技术推动或需求拉动。本书以企业交互性对创新能力的影响为研究主题，从企业交互特性出发，从企业微观层面的视角，构建企业交互性对创新能力影响的理论模型。因此，对企业交互特性与创新能力之间的关系研究具有一定的推动作用。

第三，完善了企业创新影响因素的研究。企业创新的产生和绩效的提升不是企业自己孤立完成的事件，它需要和其他企业或机构之间共同作用，因此它们之间的交互是客观存在的。企业同外部相关主体间的交互不仅能实现创新协作，还因多样性内容的交互，产生新的情景，缩短有效需求与技术变化相契合的时间，促进创新的有效完成。所以，企业创新成功的决定因素除了市场需求、技术基础外，还需要考虑企业同其他企业或机构之间的有效交互。

1.2.2 实践意义

本研究的实践意义主要有两个方面。

一方面，对企业提升创新能力具有一定的指导意义。企业创新越来越具有复杂性，创新所需要的条件也越来越高，单个企业很难具备创新的所有条件。本研究促进了企业更加深入地认识交互特性，交互关系无时不在，企业的交互特性已经不是可有可无，它关系到企业的持续创新能力，甚至是生存能力。企业只有对交互性有清楚的认识，客观评价企业交互的特性，才能有意识地利用交互性去整合外部知识，不断提高企业创新能力。

另一方面，对企业如何管理与其他企业或机构之间的交互关系有一定的指导意义。交互性是客观存在的，企业不应被动接受，而应主动地认识它、把握它和利用它。但企业如何有效地利用企业特性不是那么简单的事情，从企业创新的需要来看，企业要利用交互性，必须对未来自身与其他企业或机构之间的关系有比较准确和全面的把握，因此，企业交互性产生的背景、交互性的主要内容以及如何进行交互，对企业来说就相当重要了。只有全面把握好企业的交互特性，才能够利用好丰富的外部资源，才能实现企业交互性对企业创新能力的促进作用。

1.3　相关概念界定的说明

1.3.1　交互性

交互的基本含义是指不同主体之间的相互作用。交互的最基本内容是信息传递，信息传递是指信息通过一定媒介从时间的或空间的一点向另一点移动的行为过程。在传递的过程中，信息接收者与发出者信息素质的不同以及信息熵的存在，使接收者接收到的信息与发出者发出的信息有所差异，如果双方之间不存在交互，这个差异将得不到及时修正，信息发出者也很难判断接收者的接收情况如何，由此，这个信息传递对双方来说是模糊的。但是，如果在这个传递过程中加入适当的反馈机制，信息传递具有了交互性以后，使得信息传递不再是单向进行，对于双方来说对信息的把握更加清晰。

信息传递的交互性概念与信息交流概念是有区别的。信息交流是个体信息传递的多向过程，它注重信息的流动性和信息传递过程的完整性，而不强调对同一信息内容进行的反复思维加工。在一个信息流通回路中，往往会出现多个交互，交互的实现，将促进信息、知识的新一轮交流。信息交互性可以理解为反馈持续进行。如果没有交互，则难以形成信息交流网络；没有交互，已形成的信息网络随着信息熵的增加将会逐渐衰败（杜杏叶，2005）。

交互是在有主体参与的情况下进行的，交互主体在交互过程中，最基本的是进行信息和知识的交互。在交互过程中，交互主体因素之间信息和知识水平互相影响、互相吸收、互相嵌入，从而达到各方对事物本质的理解。

1.3.2　企业创新能力

企业创新能力是一个多维度的综合能力，学界一般从创新内容和创新过程两个不同的维度界定其构成维度。综合创新内容视角和创新过程视角，并结合知识基础观，将企业创新能力的内涵界定为企业搜索、识别和获取外部新知识或已有知识的新组合，并产生新的应用和创造新的市场价值的能力。创新能力有广义和狭义之分，本书关注的是狭义的创新能力，也就是一般所指的企业技术创新能力。

1.4 研究内容和研究框架

1.4.1 研究内容

本书的研究对象属于企业层面的交互性，是以企业与外部相关主体形成的关系为前提的，这种关系不局限于创新网络、企业网络、供应链、联盟企业等网络组织中的交互，只要是企业与外部相关主体之间的，包括企业与其他企业之间、企业与机构之间等都是本书的研究范畴。根据本书的研究主题，本书主要探讨以下内容：

第一，解构企业交互性，从交互意愿、交互基础、交互关系、交互行为以及交互领导力五个方面进行解构，形成交互意愿、知识匹配性、交互关系数量、交互关系质量（相互信任程度、合作经验、依赖程度）、创新参与（参与时机、参与程度）和交互学习性（企业间纵向交互式学习、企业间横向交互式学习、企业与知识生产机构间交互式学习、企业与科技服务机构间交互式学习）等次级潜变量作为解释变量，再对每个潜变量定量研究，加以测量，为进一步的实证研究做好准备。

第二，建立企业交互性和企业创新能力间的关系模型，以企业交互性为解释变量，企业创新能力为被解释变量，以企业交互领导力为调节变量，通过建立理论概念模型及假设，研究企业交互性对产品创新能力的作用机制。

第三，基于以上研究结果，分析我国企业在提升企业创新能力过程中，对交互效应利用方面存在的问题，提出利用企业交互性促进企业创新能力的对策建议。

1.4.2　研究框架

本书的研究框架如图1－1所示。

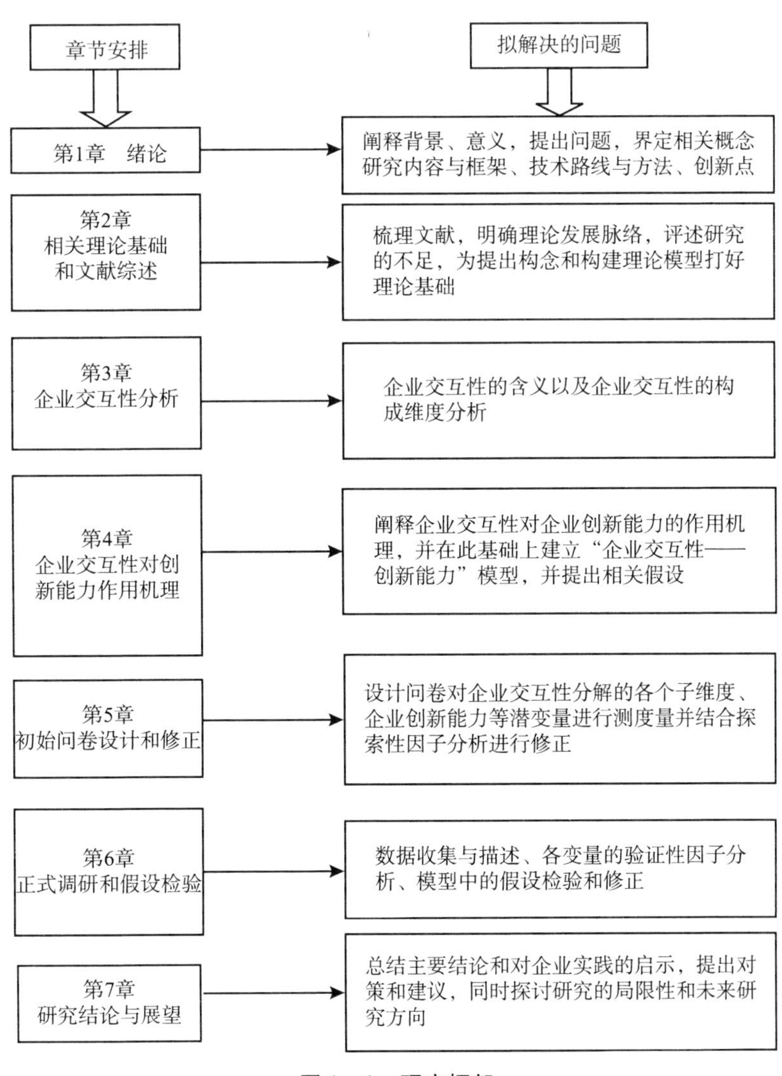

图1－1　研究框架

1.5 技术路线和研究方法

1.5.1 技术路线

本书的技术路线如图 1－2 所示。

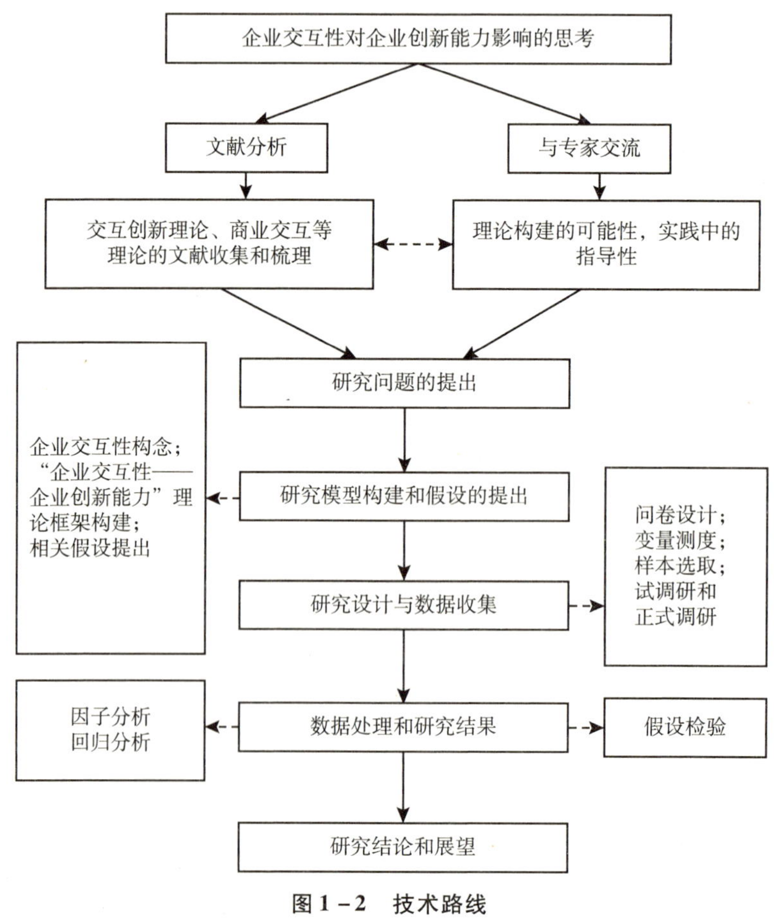

图 1－2　技术路线

1.5.2 研究方法

本研究采用文献整理、理论分析与实证研究相结合、小样本测试和大样本问卷调查相结合的方法，具体如下：

（1）文献研究

文献研究是指在研究问题、内容的引导下，对已有国内外相关文献、资料进行较全面的阅读、归纳、总结和提炼。通过这样的工作，可以明确研究领域已具备的研究基础，探寻相关研究发展的历程及未来的方向及趋势，进而明确将要开展研究的目标和理论贡献。同时，可以总结以往研究中的经验和采用的问题分析技术，从而借鉴使用在自己主题中。另外，经过文献分析研究后可以形成理论框架，为下一步的研究提供理论基础。本研究通过国内学术数据库和已有的国际学术联系等渠道，广泛收集与本研究有关的各种文献和资料，对有关的各种理论进行梳理，对主要理论产生和运用的实际背景进行了分析，为本研究奠定最基本的理论基础。

（2）问卷调查法

问卷调查法是本研究收集研究数据的主要方法。它包括调查问卷的设计、问卷发放、问卷回收三个步骤。本研究完成问卷调查，一是通过与被调查企业直接联系，在与该企业中高层管理人员进行访谈的同时完成对该企业的调查；二是在参与其他课题的过程中发放调查问卷；三是利用亲人、朋友、同学等关系帮助发放和回收问卷；四是通过 MBA 班及高层管理者培训班授课时发放和回收问卷。通过问卷调查，获得企业交互性相关的解释变量、企业创新能力被解释变量等测量数据，为下一步统计分析做准备。

（3）数理统计分析

通过社会学统计分析软件和结构方程分析软件处理得出相应结果。首先，进行多个变量初步的数据处理，例如描述性统计分析、变量相关性、测量条款的信度、探索性因子分析、验证性因子分析等统计分析；其次采用分步回归的方式，探索企业交互性和创新能力之间的因果关系；最后建立最佳的理论模型。

1.6 研究创新点

本研究是在以往相关研究基础上的传承、补充和拓展。纵观前人研究，多以网络作为分析层次，如网络结构、网络关系、网络嵌入性等，分析它们对创新的影响。但以企业为分析层次，以企业交互性为核心构念，进而对企业创新能力影响的研究却很少见。基于此，本研究认为企业交互性的提出，拓展了商业交互关系的研究，而企业交互性对企业创新能力的研究则深化了交互式创新的研究。

本书通过有针对性的分析和研究，主要创新点有以下两个方面：

第一，深化了企业交互特性的研究。根据相关文献的研究，特别是交互式创新的启示，同时结合商业交互理论，深度挖掘企业在创新过程中的交互特性，提出企业交互性对企业创新能力产生重要影响。首先对企业交互性含义进行了分析，接着从交互意愿、交互基础、交互关系和交互行为以及交互领导力五个方面对企业交互性进行解构，深入解析了以下两个具体的研究问题，即对企业创新能力起到重要作用的"企业交互性是什么"和"企业交互性的结构维度是怎样的"。

第二，系统构建了企业交互性对创新能力作用机理的理论模型。具体而言，本研究基于知识经济时代和企业网络化发展背景，以商业交互关系和交互式创新理论为基础提出企业交互性，并将其解构；进而构建了企业交互性与企业创新能力之间作用机理的概念模型与研究假设。并通过大样本企业数据验证了企业交互性对创新能力的作用机理。

1.7 本章小结

本章是全书的绪论部分，概述性介绍了本研究的目的、基本内容和实现路径等：

第一，介绍了本研究的研究背景和问题的提出，企业创新过程中同外部相关主体的交互关系和行为对企业来说影响越来越明显，以往研究中对交互特性认识还不足，因此提出企业交互性对创新能力的作用机制的命题是非常必要的，并通过实证研究方法，对其进行理论构建和验证是一次有益的尝试。

第二，阐述了研究意义和研究中涉及的主要概念。主要概念有交互性和企业创新能力。

第三，阐述了研究内容和展示了研究框架。研究内容以“企业交互性—企业创新能力”理论模型为中心，分析了企业交互性含义及结构维度、企业交互性不同维度和企业创新能力之间的关系。

第四，简要介绍了技术路线和研究方法。

第五，概括了本研究的主要创新点。

第 2 章

相关理论基础和文献综述

对于企业交互性对创新能力作用机理的研究是以交互创新理论、商业交互理论和创新能力理论为基础的。商业交互理论对于企业交互性构念的提出起到关键作用，交互创新理论和企业创新能力对本研究建立理论模型提供了有力的支撑。

2.1　交互创新理论

交互创新理论（interactive innovation theory）是在创新系统论的发展和创新过程模式不断演变的基础上被提出来的，它对于企业创新探索新的路径与模式起到了重要的指导重要。

2.1.1　企业创新系统论

20 世纪中叶，随着系统科学应用的蓬勃发展，一些原先人们不太熟知的概念，如非平衡耗散结构、协同性、非线性等接踵而至。这些概念的出现，扩展了企业创新研究的科学方法论基础。就系统论而言，一方面，任何企业自身都是一个系统，企业的发展需要系统内部各要素的协同和有效配置，而且各要素间结构关系以及怎样如何配置，需要根据企业发展的战略适时调整；另一方面，任何系统都是开放系统，企业内部的各种创新资源都会与外部相关要素发生必要的交流和互动。因为技术创新是一个极其复杂的过程，受到诸多因素影响，企业单凭自身已经无法独立地进行创新，客观上需要与其他组织（如供应商、用户、竞争者及大学、研究机构、投资银行、政府机构等）相互合作，创新是一个包括了多元化行为主体的交互性过程（何郁冰和陈劲，2009）。创新并不是以一个完美的线性方式出现，而表现为系统内部各要素之间的交互作用和复杂反馈，它是不同主体和机构间复杂的交互作用的结果，具有开放性、动态性、非线性和整体性等特性，如今创新更加注重创新要素的有机结合以及创新系统的整体功能。

（1）创新系统的提出及概念

20 世纪 70 年代，美国学者纳尔逊和温特（Nelson & Winte）受到生物进化理论的启发，创立了创新进化理论，对技术和制度融合的系统创新观起到了推动作用。之后，一些学者如弗里曼（Freeman）、多西（Dosi）等拓宽研究领域，进行了技术、组织、制度、管理、文化的综合性创新研究，使得创新管理的系统思想越发明显。1985 年，伦德维尔首次提出“创新系统”的概念，随后，弗里曼和尤尼特（Freeman & Unit，1987）对国家创新系统做了开创性研究，伦德维尔（1992）和纳尔逊（1993a）又进一步深化了国家创新系统的研究。除了国家创新系统的理论发展，它还被运用于区域创新（Asheim & Coenen，2004）、产业层面创新（Edquist et al.，2004；Malerba，2002）、企业层面创新（Granstrand，2000）以及技术系统（Carlsson，1995）。国内的傅家骥、许庆瑞等学者较早地对影响创新结果的因素以及机理等进行了深入研究与探索，得出了不少蕴含系统创新思想的研究成果，丰富了国内创新理论研究的内涵。创新系统的思想可以追溯到亚当·斯密的知识和分工的思想：知识生产是分工的产物。在现代创新系统的理论中，这反映在实践中有用知识的生产日益迂回的过程，在这种过程中，出现了学校和学科的专业化，存在着为解决实际问题而把日渐扩展的知识领域结合起来的要求。就创新而言，知识的创新和应用体系越来越依靠日益扩大的互补性和非类似性（Gibbons，1994），这需要系统的思考，需要把系统的组成部分及它们的连接和交互作用的结果联系起来。

一方面，这些研究大大拓展了创新系统研究的内涵和外延；另一方面，这些研究贡献的共同点是脱离了传统的线性研究方法，转而综合考虑微观、中观和宏观不同层面所包含的复杂的创新驱动因素而采用系统的研究方法。创新系统是一个启发装置（Kuhlmann，2001），创新是各个不同主体（如公司、市场、政府及其他支持组织）交互作用，通过获取、理解重组知识，再产生、扩散或采用技术，直至新的技术系统产生。而且，创新系统的运用超越了产品和工艺创新的框架，开始关注在一定制度环境下的交互学习以及强调协同和非线性特征所起到的重要作用（Joseph，2006）。

不同学者给予创新系统不同的定义，下面仅列举几个与“交互”关系紧密的例子：

创新系统是处于网络下而产生的交互作用及行为方式，启动、引入、学习改进和扩散新技术（Freeman & Unit，1987）。

创新系统是一系列不同机构的交互作用，进而决定着企业的创新绩效（Nelson，1993a）。

创新系统由一系列相互联系又相互独立的不同机构交互作用，它有助于新技术的发展和扩散，同时，政府管理形式和政策实施影响创新过程。因此，相互关联的机构组成的这个系统有助于创造、储存、传递知识以及技术和工艺的开发，从而促进新技术的发展（Metcalfe，1995）。

创新系统由各种不同的机构通过合作与交互过程促进企业和社会创新（Kuhlmann & Arnold，2001）。

创新过程的决定因素包括所有重要的经济、社会、政治、组织、制度，以及其他，这些因素影响着创新的发展、扩散和应用（Edquist，2004）。

从以上不同学者对创新系统的定义来看，虽然描述有所不同，但都包含了共同的元素：一是相互关联主体形成的系统；二是相互关联主体之间的知识和信息的交互；三是一定制度环境背景；四是具有创新成功、减少不确定性、经济增长等目的。

（2）企业创新系统理论

戈兰斯坦（Granstrand，2000）指出企业创新系统是指对于企业创新绩效有重要意义的，集合了参与主体、行为、资源、制度环境以及它们之间因果联系的诸多组元素。不同组元素代表了不同的企业创新系统的子系统，例如，企业创新参与主体系统包括研发实验室、研发合作伙伴等；研发、生产等行为系统；资源系统，特别是和知识资源密切联系的技术系统以及制度环境系统。其中技术系统与弗里曼等（1982）提出的技术系统含义是一致的，它是指一系列相关的技术知识，例如一套互补或替代产品和工艺技术。这些技术可能是相互关联的、因果关系或相互依存的。企业创新系统的基本要素是创新人才、创新财产、创新信息和企业积累的知识和技能。人才是技术创新的主体；财产是实施技术创新的基本保证，是成功的重要因素；创新信息和企业积累的知识、技能是企业技术创新活动的必要条件和重要资源。这些因素是企业创新活动的基本单位，人才、财产属于有形元素；而信息、知识和技能属于无形要素，它们渗透在有形元素和创新组织之中。企业创新系统是围绕企业技术创新活动，从企业内部和外部，包括有形和无形要素并且以非线性模式形成的反馈路径和复杂的网络，目的是提高企业的创新绩效和创造可持续竞争力。国内学者陈劲（1999）以系统观为视角并且运用系统动力学等方法进行了企业创新系统的研究，并通过案例研究提出了企业创新系统框架（见图2－1），并推荐适合我国企业创新系统的关联网络。如图2－1所示，企业技术创新成功的关键是建立和完善企业创新系统，而识别创新系统的关键因素是创新管理的要点。其中，企业家精神包含了创新精神，企业家要有发明和创新的精神，要有对发明和创新未来潜能的意识；研究与发展体系要求企业具备一定的研究基础，以及与企业内部、外部研究和发展力量的协同；科学教育技术培训提高和普及了管理人员和员工的知识水平，培养高素质的研究开发人员，提高了创新能力和创新成功的可能性；与政府的合作表明创新是一个在一定制度、组织和文化情境下开展的活动，企业的创新活动渗透了大量的直接和间接的政府政策导向和政府活动等，与政府的创新合作往往是有利于自然、经济与社会持续性发展的。

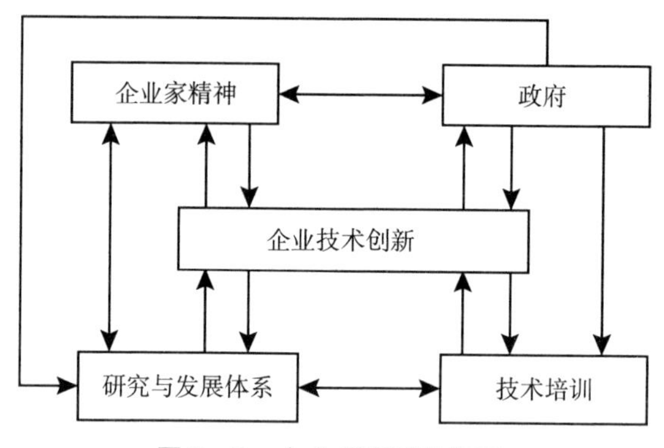

图 2－1　企业创新系统框架

资料来源：陈劲：《技术创新的系统观与系统框架》，载于《管理科学学报》1993 年第 2 卷第 3 期。

企业创新系统有以下两个显著特点：

一是开放性。自 20 世纪 90 年代关于“创新系统”的研究不断涌现之后，许多学者开始关注创新过程中各种因素的相互连接和相互依赖，开放和交互所起到的作用越来越受到重视。日本学者野中郁次郎和竹内弘高（2006）指出，由于不确定性增强，企业不得不追求企业以外的知识，寻求企业与外部的合作，才能实现知识的内外结合，对企业持续创新起到推动作用。开放创新使知识来源更加丰富，使得探索、保留和开发这三个知识创新过程在组织内外共同作用下得以完成（Lichtenthaler & Lichtenthaler，2009）。罗森科普夫和尼克尔（Rosenkopf & Nerkar，2001）研究发现，若没有组织边界的扩展，往往会导致较少的技术革新，当组织边界和技术边界同时扩展时，对研究与开发的结果影响最大。面向外部开放的组织网络，将为创新能力提供丰富的资源（Powell & Grodal，2005）。在演化经济学研究中，也提出了外部环境开放性对企业创新能力的重要性。为创新提供更多的技术和知识组合，企业需要以开放的姿态向外部寻求更多的多样性（Nelson & Winter，1982）。伽斯柏等（Chesbrough et al.，2008）研究发现，那些原来在行业中处于领导地位的企业没有能够能从创新中获益，原因在于这些企业大多采用封闭式创新（closed innovation）模式，这种模式下，企业主要依靠自己的创意和内部市场化作用，强调成功的创新需要强有力的控制，然而，现如今，这种旧的创新模式不再适用于新的经营环境，于是伽斯柏等学者提出了一种新的创新范式——开放式创新（open innovation），在这种创新模式下，企业在发展新技术的同时将内外部的所有有价值的创意有机地结合起来，并同时使用内外部两条市场通道。另外，企业内部的创意也可以通过外部渠道实现市场化，摆脱了企业当前业务范围的束缚，从而获得超额利润。尽管开放式创新的概念提出时是以高科技行业为对象的，但后来学者们以其他行业，如资产密集型行业的开放创新做了进一步研究，发现尽管这些企业以内部活动为主导，但这些行业早已引入了开放式创新的做法，说明这些行业才是开放式创新做法的早期采纳者（Chesbrough & Crowther，2006）。

二是非线性。早期，创新领域内的一些学者对创新过程的研究主要从技术推动和市场拉动这两个方面进行。虽然这样的讨论还在进行，但是这种方法作为一种线性模式已经受到一定评判。如今，创新过程是一个迭代的过程，其中知识和技术需求与供给起到重要作用（Mowery & Rosenberg，1979）。纳尔逊和温特把这个迭代过程描述为需求和供给方在选择环境中的“迂回反复”（Smits & Kuhlmann，2004）。在这样的迭代过程中，创新是由一系列异质性参与者、它们之间的关系和制度环境综合作用的结果。这些组成要素构成创新系统。这种范式作为对线性创新模式的回应，认为系统就像一个探索性装置，其中各个不同的参与者之间的交互，技术的产生、扩散或使用的交互，导致了一个技术再设计的复杂系统（见图2-2）。非线性创新模式已经在创新过程的研究中得到了广泛关注（Edquist & McKelvey，2000）。

2.1.2　企业创新模式的演变

（1）传统创新过程模式

一是技术推动过程模式。20世纪50~60年代中期，第二次世界大战后经济亟须复苏，市场经济在工业集聚扩张中快速发展。半导体、制药、电子技术和合成材料等新兴技术不断涌现，企业利用这些技术进行商业化研发和生产。该阶段技术创新的显著特点是技术创新的源头为科学研究。先有科学

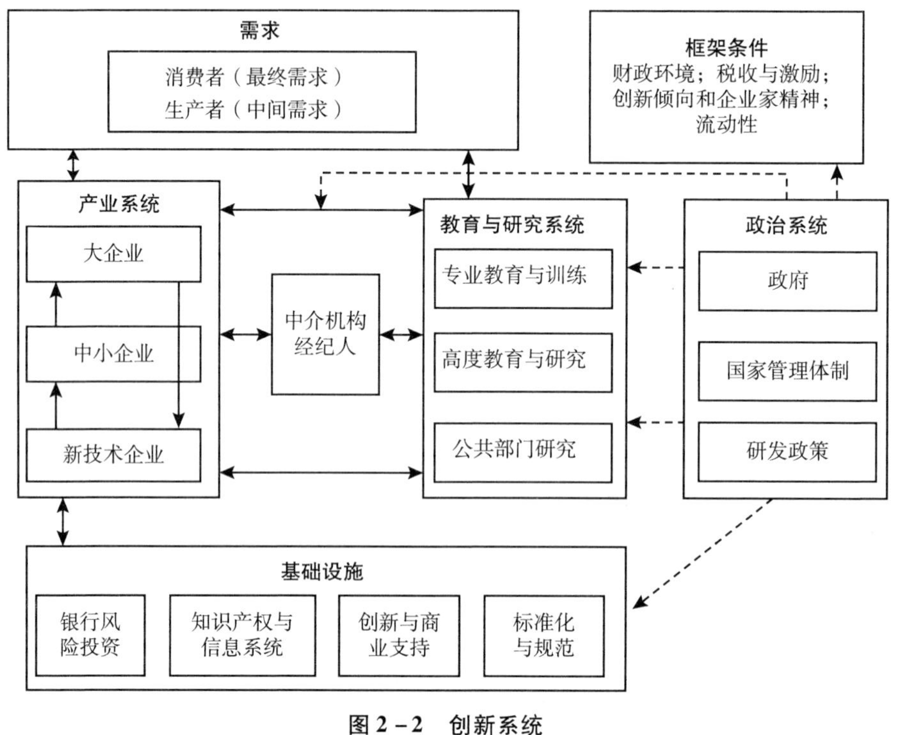

图 2－2 创新系统

资料来源：Kuhlmann，S.，& Arnold，E.. RCN in the Norwegian Research and Innovation System：Fraunhofer ISI，2001.

理论研究发现，由此线性过程式的引起技术创新各环节的连锁反应，依次分别为基础科学研究、应用研究、实验开发、工程制造、市场营销，最终满足了市场需要。该模式的假设前提是研发能力越强，新产品的成功率就越高。

二是市场拉动过程模式。20 世纪 60 年代中期到 70 年代初，尽管新产品不断涌现，但是基本是基于现有的技术发明，而且随着市场经济的不断成长，产品供需渐进平衡，企业更加关注市场份额和客户的需要。该阶段的创新过程是由被企业感受到的市场需求为起点，然后需求信息反馈到研究开发部门，接着研制出能满足消费者需要的产品，最后投入生产满足市场需求。

（2）耦合创新过程模式

20 世纪 70 年代初，随着石油危机的出现，接踵而至的是高通货膨胀率和滞胀及高失业率。企业被迫调整发展战略，更加关注控制和降低成本。在这样的背景下，成功的创新过程模式是建立在行业之间、国家干预和系统学习基础上的。一些实证研究的结果表明，相对于一般的技术能力和市场需求的交互创新而言，创新的技术推动和需求拉动模式是极端和非典型特例而已。这种新的创新过程被称为耦合或交互创新模式，它认为技术创新是在技术和市场交互作用下发生的，技术推动和需求拉动在创新过程的不同阶段有着不同的作用，科学技术和市场的结合及交互是技术创新成功的保证，如图 2－3 所示。

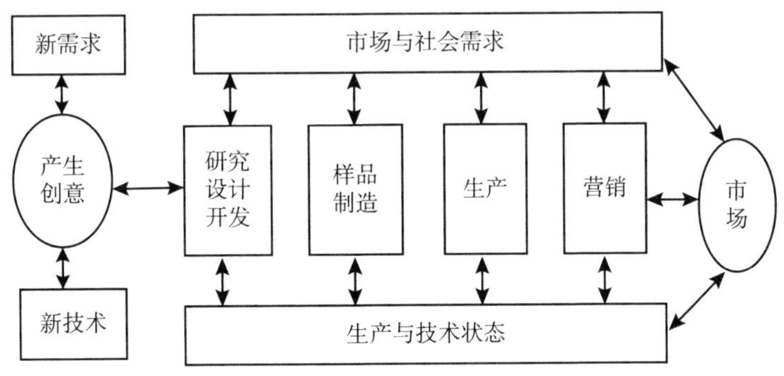

图 2－3　耦合创新过程模型

资料来源：Rothwell，R.. Towards the fifth-generation innovation process. International marketing review，1994，11（1）：7－31.

（3）整合创新过程模式

整合创新模式引入集成观和并行工程观，把技术创新看作多路径、多回路、各环节并行过程，联合开发组并行运作。在企业的内部，注重职能序列间耦合集成；在企业的外部，强调与上游及用户加强联系，横向合作，用户处于战略地位；企业内外都需要交互作用，实现一体化运作。

（4）聚合创新过程模式

聚合创新过程模式同时利用网络和专家系统、仿真模型技术，充分集成，实现完全一体化并行开发。企业内外实现广泛合作，通过各类内部活动进行学习、与外部知识源间的学习，在全球范围内使创新资源优化配置，高度集成，动态结盟，组织柔性化，最终实现协同创新，如图 2－4 所示，其中 P_i 指聚合的不同阶段和过程。

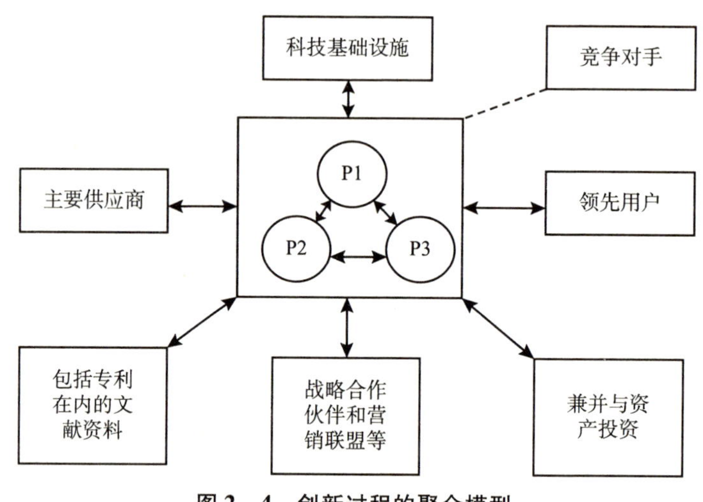

图 2－4　创新过程的聚合模型

资料来源：Rothwell，R.. Towards the fifth-generation innovation process. International marketing review, 1994，11（1）：7－31.

（5）链式创新过程模式

链式创新过程模式要义在于，创新过程被描绘成一系列的活动，它们通过复杂的反馈回路相互联系。这个过程可视为一个链接，开始于感知到新的市场机会或基于新的科学和技术知识基础上的新的发明（即发起和分析设计）；而后是详细设计和测试、重新设计和生产、分配和销售。为了创造发明和革新，发起和分析设计对新知识的产生是很关键的，而再设计对于最终的创新成功是重要的。创新过程常常链接到科学和学术界的工程学科，尤其是在设计和测试新产品和生产工艺过程中产生的问题。

图 2－5 表示创新过程的一个交互模型，现在一般称作链式创新模型（Kline & Rosenberg，1986；Malecki，1997；OCDE，1992）。

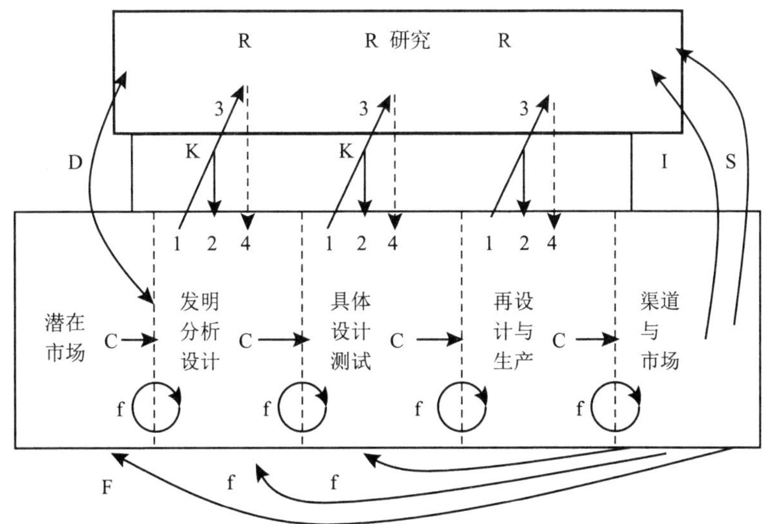

图 2－5　创新过程的链式模型：反馈与交互

注：C：主创新链；f 代表主创新链中每阶段的反馈回路。K－R：知识与研究的联系及反馈路径。如果问题在 K 处得到解决，3 处与 R 之间的联系就不会激活。从研究开始的回路（联系4）是有研究问题才出现的，所以使用了虚线。D：研究与发明、设计之间的直接联系。I：机器设备和工具、技术流程对科学研究的支持。S：产品领域潜在的信息获取以及监测对科学研究的支持。

资料来源：Kline，S. J.，& Rosenberg，N.. An overview of innovation. The positive sum strategy：Harnessing technology for economic growth，1986：275，305.

（6）企业创新模式的评价

由以上各个不同创新模式来看，无论是链式模型还是五代技术创新模型，它们都属于交互范式，其精要在于通过企业内部不同部门以及企业与外部不同组织间的有效互动，特别是后者，使得纵向的价值链在互动过程中水平融合，促进与组织差异性知识的学习与整合，系统地提升企业创新能力，进而提高创新绩效。交互范式将交互作用视为在技术创新过程中的核心要素，它有两种基本类型，第一种是公司内部的交互作用，例如研发和工程设计与生产的交互，R&D 内不同群体的交互；第二种是公司外部的交互作用，这种交互作用可能要辅以企业网络的支持，包括企业与外部组织之间的、企业与所处的科学与技术环境之间的交互。本书主要研究第二种类型。

2.1.3 交互创新研究概述

（1）交互创新的概念

20 世纪 50 ~60 年代，随着技术推动模式和需求拉动模式的提出，致使以后很长一段时间，对创新过程的阐释被线性模式所主导。技术推动模式认为创新主要是靠技术推动，技术创新的起源是知识的创新，先有研发活动，由此逐个引起技术创新各环节的连锁反应，而且是有时间顺序的，它们依次为基础研究、应用研究、实验开发、工程制造、营销，最终满足市场需要。而需求拉动模式强调需求和市场对于研发的源头作用，它认为创新过程是由被企业感受到的市场需求为起点的，需求信息被反馈到研发部门，研制出满足消费者需要的产品，之后投入生产去满足市场。尽管这两个线性模式是非常具有吸引力的逻辑化和概念化的模式，但却受到越来越多的攻击，特别是因为后福特时代，创新过程的无序性越来越明显。从 70 年代开始，人们发现渐进和线性模式的创新已经不足以解释创新的开发、应用与扩散（Ilkka，2002）。罗斯威尔（Rothwell，1994）在解释第五代技术创新模型时提出交互创新的概念，但没给出定义，只是分析了创新是一个多因素影响的过程，它试图解释创新过程中，在企业内外部网络的影响下，组态技术（configurational technologies）如何形成和知识是怎样转移的（Robertson et al.，2003a；Swan et al.，2000）。当前，创新过程强调技术的默示和难以表达的性质，更注重干中学和学以致用，以及创新过程中的学习的积累性。学习已经被广泛地认为是创新过程中的核心要素。学习使企业创造动态优势，超越模仿而推进创新的步伐。既然创新反映了学习能够创造更多的新奇，既然个体之间的接触对隐性知识转移是至关重要的，那么在创新过程中，交互作用对于解决科学和技术知识的隐性问题，将起到关键作用。

由此可知，创新过程的线性模式已经被创新的非线性模式所取代。这种模式强调在创新过程的各阶段，与上游（技术相关联的）和下游（市场相关联的）的反馈作用，强调企业之间的各种行为和活动的交互作用。广义上看，在创新过程中，这种交互对于创意的产生，对现有产品重新设计和组合以及流程的重新安排，都起到关键作用（Kline & Rosenberg，1986）。交互创新具有以下特点：

首先，创新的系统化是交互创新的前提。创新的系统化方式区别于以往的创新分析方式，它是以创新主要依靠参与主体以及制度等因素间的交互作用为前提的，而且这种方式否定了创新的关键要素是靠创新主体自身的研发能力的观点。从某种程度来说，创新系统是一个社会系统，创新成功来源于这个社会系统中经济主体间的交互作用（Cooke et al.，1998）。在一个商业系统中，不同的经济组织相互依赖，就像热带雨林中的各色物种，以一种复杂的方式，相互影响、相互依存、生生不息、蓬勃盎然。交互创新作为一个经济系统活动，好似热带雨林般运转的方式，其中会牵涉诸多内外部经济组织，它们错综复杂地构成了一个相互依赖的经济体系，对创新能力和创新成果产生必然影响。这样的特点在企业网络学习的研究（Håkansson & Group，2009）和服务科学领域的研究（Barile & Polese，2010）中已经被证实。

其次，交互式学习是交互创新过程中的重要特征。通过与相关主体建立联系并且开展交互式学习，企业能够以更低的成本在创新过程中获取外部专用知识和增加技术诀窍，并且降低创新的不确定性。杜拉瑞斯和帕托（Doloreux & Parto，2005）认为交互式学习是参与创新过程的要素之间发生学习关系的过程，也是创新要素共同参与的交互式的知识产生、扩散和应用的过程。交互式学习存在于相互作用之中，尤其是与供应商、客户、大学、技术服务中心、金融机构、培训以及公共管理机构的外部合作。产业创新包括技术或者知识得以创造、吸收、扩散和利用的一系列的行为和过程，成功的产业创新还需要发挥持续的交互作用效应（Hsu，2005）。爱德华（Edward，1997）研究表明，通过交互式学习企业可以获得“程序化知识”（know-why）、“技巧、特长”（know-how）和“事实知识”（know-what）等对于企业相当重要的知识。

再次，交互创新是把创新看作一个非线性过程，它不是从设计、完成到扩散这样一个线性过程。独特的参与者之间有关商业、技术、组织管理的反复互动，导致组织、商业模式或产品系统设计及再设计是一种启发式过程。

在交互过程中，创新大致可以被描述为三个事件：议程的形成（组织成员共同讨论和分享创新和想法）；选择（进一步分析和匹配创新与组织的想法）；实现（在选择后，引入到组织作为新产品、任务或服务）。这个创新过程不是用离散阶段方式来表示的，而是以迭代、递归和情景的方式表达，形成的本质称为“事件”而不是“阶段”（Newell et al.，2000；Robertson et al.，1996）。芙莱克（Fleck，1994）研究表明创新过程是交替往复的进程，而不是按一定先后次序进行的（Fleck，1994）。而且，它是一个迭代的过程，递归性是它的常态，不同的事件和发生阶段是合并在一起的（Clark et al.，1992；McLoughlin，1999；Robertson et al.，2003b），例如，冯·希皮特（Von Hipped，1998）研究发现，用户在产品创新过程的所有阶段起到关键作用，相比而言，传统的研发创新线性模式中，研发人员在创新过程中并没有多加考虑用户的实际应用需求，也没有采纳外部相关主体的建议。

最后，交互创新还具有动态性和多样性特点。动态性的作用是适应一个多界面的系统，创造发生的条件和促成机制的形成。动态性表现为以各种途径颠覆以往建立的各种经济关系，促进经济组织的延展能力，使它们相互接触，使资源、行为和参与者更加接近创新机会，如果没有这种动态性，创新几乎不可能。从以往的创新过程研究中，都提到了路径依赖的存在（Arthur，2009；David，1986；Hughes，2004；Rosenberg，1982，1994），因此，创新过程中的动态性必然会体现以往经验、模式与新思想、新方法之间的交互作用。而多样性构成了不同的经济价值，对于创新来说，这种演化的多样性不断为参与者提供新的机会去想象和创造更多的独特的组合，显然这些独特的组合对于各个经济组织实现成功的创新是至关重要的。因此，一个既定的实体可能通过寻找其他组合单元实现新的创造价值，同时对于增强共同的经济价值也是非常有益的，这正是创新的本质之一（Uzzi & Spiro，2005），具有异质性的经济主体群之间复杂的交互导致了创新的产生。同时，由于经济主体能力以及局部知识种类的多样性，经济主体也体现出多样性。而交互是以弱知识（weak knowledge）的不可分性和不同知识的局部互补性为基础的，每一个创新者都拥有互补知识的能力，各种创新者通过交互作用，共同努力，能够促使成功创新的产生。

（2）交互在创新中的作用

罗斯威尔（1992）认为创新是一个交互过程，成功的创新型企业一般都要接受来自外部的技术上的专门知识和建议。这一观点也得到很多学者的支持，如伦德维尔（1988）研究发现，企业尤其是缺乏内部研发设施来提升自身吸收能力的小企业，只能通过其他途径来发展和提升其吸收能力，例如从客户和供应商那里学习，与其他企业加强互动以利用从这些企业和组织中溢出的知识。企业创新过程中要与其他企业（特别是和客户及供应商的合作）、技术供给者（如大学、技术中心）、金融、培训以及公共管理机构进行不断的交互，这种成员之间的交互关系对公司的创新绩效产生重要的影响。交互式创新一定程度上强调了成功创新的复杂性越高，外部知识对于创新成功就越重要。

一些研究已经发现影响企业创新的内部关键因素，这些关键因素包括：企业文化（Hage & Dewar，1973）；结构连接、信息技术、沟通和学习过程（Teece，1986；Tushman & Nadler，1986）；内部胜任能力（Peter，1985；Quinn，1992）；管理作用（Howells，1996）；信息与沟通技术（Antonelli，1993；Freeman，1991）。但同时，一些外部因素对企业创新同样产生了重要影响，这些因素包括：客户与供应商的关系（Von Hippel，1989）；网络学习（Midgley et al.，1992）；市场条件（Ancona & Caldwell，1992）；国家和区域创新体系（Lundvall，1992；Nelson，1993b）。约翰内森（Johannessen，2009）根据以上研究，将企业创新的影响因素分为交互作用的三组因素，分别是：企业内部因素；企业外部因素、国家和区域创新系统特征，如图2－6所示。

从这个影响创新的交互模型来看，影响创新的关键因素中本质是知识的开发和知识的整合，新知识是由各种不同系统层面交互作用，特别是交互学习的结果，这种交互过程如何得到实现和交互的质量对于创新能力来说至关重要。

一方面，交互是获取知识的学习途径。企业资源基础观（the resource-based view of the firm，RBV）认为企业在竞争性环境中必须拥有异质性资源和能力（Penrose，1959；Wernerfelt，1984），这种资源和能力是具有竞争优

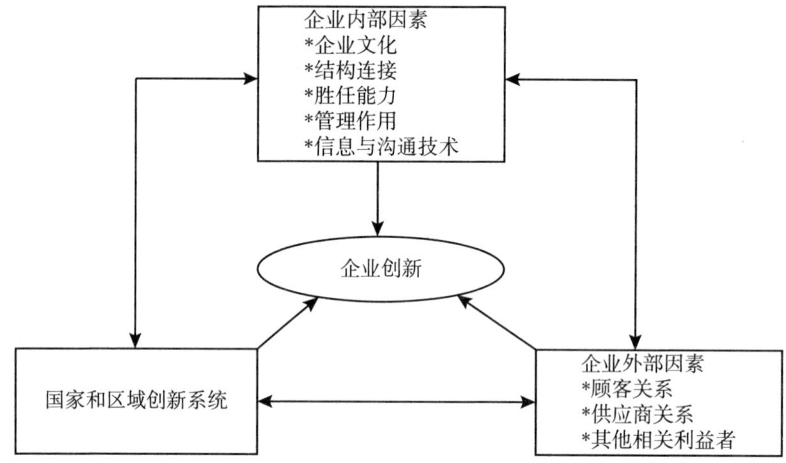

图2－6　企业创新的影响因素：一个交互作用的系统模型

资料来源：Johannessen，J. A.. A systemic approach to innovation：the interactive innovation model. *Kybernetes*，2009，38（1/2）：158－176.

势的潜在资源，而且应该是有价值的、稀有的、难以模仿的、难以替代的（Barney，1991）。企业知识基础观（knowledge-based view of the firm，KBV）在此基础上认为，知识是企业最有价值资源中的一种，因为企业拥有的知识具有有价值、稀有、难以模仿和难以替代的特点（Grant，1996b），基于知识的资源之所以具有这些特点，是因为这些知识拥有社会复杂性，而且嵌入企业文化、商业过程、管理模式、信息系统和企业员工中（Alavi & Leidner，2001）。在许多情况下，建立交互关系是开发和获取其他相关主体知识的重要手段（Bygballe，2006）。

另一方面，通过交互建立的商业关系是创新的重要来源之一。当然，这并不是说学术研究不是知识的重要来源，而是说它还要以一种间接和迂回的方式实现学术研究到商业化的转变（Pavitt，2004）。这就意味着，学术研究成果与商业应用之间的关系是受到时间和空间等因素影响的，具有一定的隐蔽性，不能被直接应用，需要通过成员间的相互交互，才能建立起有价值的关系。交互促进了创新过程需要的大量异质性资源的获取，进而提升了企业创新能力。纳惠斯等（Nahuis et al.，2012）从用户和生产者双方的交互（user producer interaction，UPI）角度来分析这种交互在创新过程中的作用。创新过程在创新系统或复杂的网络中进行，生产者和用户相互依赖对方的知识和能力。特别是当一个新的技术机会刚刚出现而关于这方面的技术、需求和伦理、法律和社会影响等处于不确定状态时，这种相互依赖性就愈发明显。在这种环境下，用户和生产者间的交互是必不可少的，用户必须知道如何评估新技术的实用价值、如何表述需要和问题、如何参与重要的设计决策、如何获取技术工作、如何采纳适应具体情况的技术，以及如何建立有效的交互模式。生产者必须知道用户需要、怎样采用新技术满足这种需要，如何处理问题和障碍、如何与用户合作、如何使技术适应用户的需要、应该做出什么样的调整、用户是否有能力采纳新技术、如何接收以上各方面的反馈。

（3）影响交互创新的关键维度

一方面，一个组织要获得创新上的突破并且发展成为具有商业可能性的产品，单凭自身的资源是远远不够的，必须寻求合作，与其他相关主体进行不断的组织整合。另一方面，交互式创新的关键是不同的组织在交互过程中能够整合出所需要的新知识。另外，制度环境被理解为规范、习惯和规则，它们深深扎根于社会各个领域，并且决定着人与人之间的相互关系如何，以及人们如何学习和使用他们的知识。

关于交互创新的关键维度，在以往的研究中已被提及（Andersen & Lundvall，1997；Green et al.，2001），有三个主要维度：一是组织整合；二是知识整合；三是制度环境。

一是组织整合。它是指企业与供应商、客户及其他合作伙伴为了获得合作过程中的利益而进行组织间关系协调、信息共享以及与外部组织共同参与企业创新过程的程度。这里用“组织整合”既与企业网络管理的“关系管理能力”有关又区别于它，关系管理能力指企业针对特定组织或群体之间的关系进行管理的能力，是建立、优化和协调二元关系的能力，它是企业网络能力的基本分析单元，而“组织整合”更加强调组织安排与治理。组织整合对组织创新绩效有直接的正向影响（吴家喜、吴贵生，2009）。交互式创新常常伴随着组织工作和治理新机制，它们规范不同组织间的合作或竞争关系（Alter & Hage，1993；Elg & Johansson，1997）。创新过程的效率和取得良好的效果越来越依靠组织间的合作或组织整合性。组织整合的两个极端，一端是“松散耦合”，另一端是“紧密耦合”。就组织形式的一体化和非一体化来说，研究已经发现，创新与复杂性和非一体化有关，非一体化是一种松散的连接，减少了企业层面的群体选择，为变异创造新的潜力，为新组合创造机会（Hage，1998）。组织整合作为创新交互性的一个维度，强调了对创新过程的治理、组织和管理。组织整合主要表现为以下三个方面：①组织间共同参与度。谢尔曼等（Sherman et al.，2000）研究发现，如果将客户纳入开发团队，将缩短新产品开发时间；供应商参与开发公司的生产规划将可压缩开发流程，使创新速度更快（Eisenhardt & Tabrizi，1995）。②组织关系协调度。兰德罗斯（Landeros et al.，1995）认为通过持续的协调与沟通，可使对方清楚自身对合作关系的需求与期望，在双方相互了解后，建立起良好的合作关系；通过及时的关系协调可以解决与外部合作伙伴间的分歧与争论，将会有助于提高新产品开发的效率（Moorman et al.，1993）。③组织间信息分享度。与供应商分享更新市场和技术信息，企业可以生产出更加符合市场需要的产品，从而提高市场占有率、减少新产品的市场风险。在新产品开发过程中，企业真正了解客户的需求，对于新产品开发成功非常重要（Cooper & Kleinschmidt，1995）。

不同组织整合的决策方式有所不同。松散的组织整合时，往往是走一步看一步后再做决策。经过一步接一步的判断，才会确定需要做些什么，或者不需要做什么，这样就能够最大限度地减少不确定性。同时，在决策是继续还是终止创新项目时，因为没有之前的协议或合同，所以自由裁决的空间是比较大的，当然自由裁决也是在持续的各方协商下进行的。与此相反，当处于紧密组织整合情况下，一旦创新项目正式启动，它将成为后面各项决策的里程碑，然后是各种正式的审查，之后形成提案合约等。如果正式的审查结果表明项目应该停止，那么即使创新项目的创导者想继续开展，也不得不终止。这种情况不太可能发生在松散整合时，因为创新主导者可以很容易地找到新的外部伙伴。

二是知识整合。交互式创新的关键是通过不同组织的交互能够整合出新的知识。外部知识获取给企业带来了多样性和异质性的知识和技能，使企业内部知识与外部先进技术保持同步，促进企业知识结构的提升与改进，提高企业的学习能力、创新能力以及应变能力，整合出新的知识，从而创造出新的产品和服务，以满足变化多样的顾客需求。企业与外部建立联系及相应的协调能力会形成良性的学习机制，而这种学习机制是决定企业创新水平的关键变量（Giuliani，2007）。不同类型的外部知识来源确实会对企业的创新过程产生影响。客户在提出新的解决方案和推出新产品方面扮演了重要角色（Weterings & Boschma，2009）；关键的供应商和产业集群中特定的竞争对手也会在产品创新中发挥重要作用，大学和科研机构一般是企业新科学知识的重要来源，与其他知识来源相比，大学这样的机构更有可能促进企业的突破性技术创新（Kaufmann & Tödtling，2001）。这是因为创新不仅要看新知识的可利用性，还需要通过不断地组织安排和分布以利于整合知识的能力（Owen－Smith et al.，2002）。相对知识分享，知识整合更加强调从不同的领域获取和组合知识从而取得突出的创新成果。因此，知识整合作为创新交互性的另外一个重要维度，表示分散的知识被分享和整合的程度。知识整合主要表现为三方面：系统化程度、协调程度和社会化程度。系统化程度侧重于运用代码、计划、程序等正式系统来创造新的知识；协调程度强调运用培训、联络工具、参与等管理工具来创造新的知识；而社会化程度则是通过价值观、理念和信念等文化手段促进知识整合（De Boer et al.，1999）。

不同的知识整合需要驱动因素表现程度是不同的，高知识整合需要参与创新的交互各方具有更加广泛的、差异性更大的专业领域，这样能够促进知识的交互作用和整合。另外，不同知识整合需要的整合能力也是不一样的，高知识整合需要系统化整合能力更强，而低知识整合需要的协调能力和社会化能力要更高一些。

三是制度环境。创新行为与制度环境影响之间也存在交互作用。制度环境相当于“游戏规则”，它一方面影响知识在创新主体间的传递，另一方面影响交互学习和创新的方式。主要的制度环境因素有金融财税体系、知识产权体系、教育体系、产业政策体系等。另外，所处的文化和道德环境也是重要的影响因素，例如创新过程中参与者所持有的公平公正态度和价值观。为了强调创新与制度环境间的交互性，史兰潘德（Slappendel，1996）提出了区别于传统二元论的结构与行为间的二元性理论，创新受到广泛的制度性环境的影响，同时也影响制度性环境，制度性环境既促进也抑制创新行为。因此，创新是在组织、社会结构及文化、个人和集体行为以及态度共同作用下而形成的。制度环境可以分为管制、规范和认知要素三类。管制要素，是指反映出某特定的现行的法律与规则，以促进特定的行为并且限制其他的行为（Kostova，1999）；规范要素反映出价值观、信念、规范、人类本质的假定与个体所维持的行为（Scott，2001）；认知要素反映出人们所共享的社会知识与认知的种类（Markus & Zajonc，1985）。

交互创新过程受到制度环境的影响因素很多，重要的是建立良性创新机制，用制度去驱动创新。对于一个企业而言，最明显的环境就是市场需求的潜在变化以及技术上的重大突破，这些因素构成了对创新过程产生作用的“选择”力量。

（4）影响交互创新的关键要素结构模型

从以上对影响交互创新关键要素的分析可知，第一个结构维度注重采取什么样的组织形式和治理结构促进交互式创新，这里以“组织整合”来表示；第二个结构维度强调不同来源知识的整合对知识创造作用，特别是对突破性创新成果的重要性，这里以“知识整合”来表示；第三个结构维度注重创新过程中结构性因素影响的重要性，这里以“制度环境”来表示。企业交互创新影响要素的结构模型可用图 2－7 表示。

通过以上理论归纳发现，交互是企业创新过程中的重要特性，交互式创新已成为重要的创新模式，企业交互创新影响因素可以分为三个主要维度，分别为组织整合、知识整合和制度环境。组织整合这一维度分为从松散型到紧密型之间不同程度表现，知识整合这一维度分为低整合度到高整合度之间的不同程度表现，相对于低知识整合，高知识整合在创新过程中牵涉多方知识的来源，复杂性更高。基于此可将企业创新的交互分为Ⅰ型（低——松散）、Ⅱ型（高——松散）、Ⅲ型（低——紧密）和Ⅳ型（高——紧密）四种典型类型，如图 2－7 企业创新的交互结构模式显示。第三个维度——制度环境作为重要的影响因素，促进或制约着创新过程中的交互。

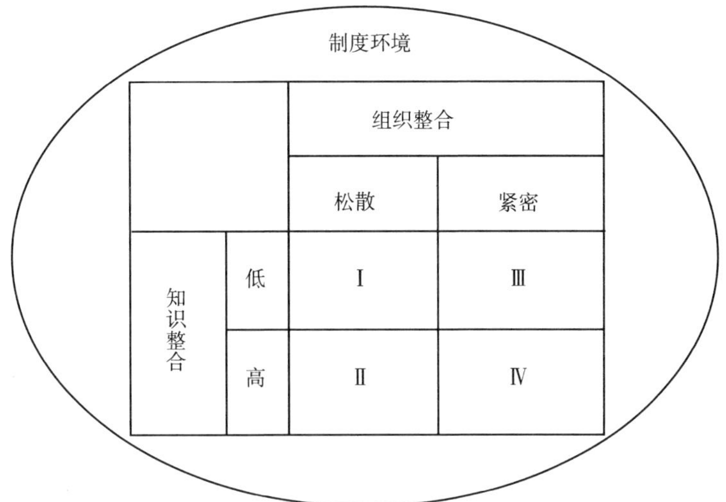

图2－7　企业创新的交互性结构模型

资料来源：Swan，J.，Bresnen，M.，& Mendes，M.，et al. *Exploring interactivity in biomedical innovation：a framework and case study analysis.* Paper presented at the Proceedings of the Organizational knowledge，Learning and Capabilities Conference，Boston，2005.

就组织整合这一维度而言：松散的组织整合时，主体企业不可能单独完成创新，很大程度上要依靠其他相关组织。但企业不可能或不愿意购买必要的创新资源和单独从事研发，因此，企业间合作的网络形式应运而生。此时，跨越组织边界的社会网络起到重要作用，一是不同的人际关系产生的社会资本效应不同，进而知识来源和对所需知识的识别不同；换句话说，社会网络起到“搭桥”和“过滤器”的作用，帮助创新主体决定选择采用或开发什么样的新知识或技术。二是嵌入人际关系中的社会资本有助于在没有明确的合作协议的情况下，创造和保持创新合作各方的信任，特别是在合作的开始阶段，这种良好的信任能有效降低合作的不确定性。紧密的组织整合时，主体企业拥有较集中的资源，但创新仍然需要外部资源，获取方式往往采取直接兼并拥有所需知识的企业，或者在兼并不可行的情况下，针对具体要求采用签订正式合约形式来合作。进一步来说，资源集中与主体企业的紧密组织整合意味着主体企业对外部合作组织具有更大的影响力。

就知识整合这一维度而言：低知识整合时，创新主题与其他相关主体间不同程度的交互作用是必不可少的，而正式的合作却很少，同时，松散的合作也需要这种低知识整合来促进创新。高知识整合时，创新主体与其他相关主体间紧密合作是它的显著特点，而且合作各方在过去往往是没有合作经历的。高知识整合需要深度合作，这与创新项目的性质有很大关系，当面临一个突破性创新或创新的难度非常大时，必须要求更多的参与者，而且要紧密合作，进行更加广泛和更加深入的知识分享和交互作用。

就制度环境这一维度而言：创新过程不能忽略创新环境的影响。它强调了创新的交互性的多层面性，不仅包括个人、组织等微观层面，还包括制度环境这一宏观层面。它反映了以往创新过程过度关注单一层面，而忽视创新行为与结构性因素间的交互。

2.1.4 交互创新研究现状评述

创新过程的线性模式已经被创新的非线性模式所取代，这种模式强调在创新过程的各阶段，与上游（技术相关联的）和下游（市场相关联的）的反馈作用，强调企业与外部组织之间的信息、知识以及各种行为和活动的交互作用。这种交互对于创意的产生，对现有产品重新设计和组合以及流程的重新安排，都起到关键作用。本章从交互创新的概念、交互在创新中的作用和影响交互创新的关键维度三个方面总结了交互创新的研究成果，企业和外部组织间的交互对获取创新所需要的知识是非常重要的。影响创新的关键因素有组织整合、知识整合和制度环境，其中本质是知识的开发和知识的整合，各种不同主体间交互是创新知识的主要来源，交互学习在外部知识整合中起到关键作用。

2.2 商业交互理论

商业交互（business interaction）是指企业与相关主体之间相互影响、相互作用，它既是企业和相关主体建立关系的过程，同时也是利用外部资源、解决企业问题和促进企业变革的过程。商业交互的客观存在表明，没有任何一方能够控制交互过程中的诸多要素或独立于商业世界以外而不受其他相关主体影响。

2.2.1　商业交互的概念

福特等（Ford et al.，2010）对商业交互概念的提出做了详细的分析。第一步是区分交互（interaction）和交换（exchange）。交换的意思是以不变实体（如产品、服务或货币）在各参与主体间转移为基础的。交换可以在没有任何明显的干预下实现，一个明显的例子是从街边小摊买份报纸，货币对报纸的交换没有涉及所交换的物品的任何改变，唯一的互动是一种礼貌的"请"和"谢谢"。交换的意思表达如图 2－8 所示。因此，交换被解释为一种机制，在不同交换时间点下连接，但是它没有任何自己的内容。一般而言，这种机制是作为"市场机制"来看待的，它没有任何自己的独立性进而使其成为非常有力的理论构架，它假定交换的双方具有所有必要的知识和交换的对象在这个过程中是不变的。

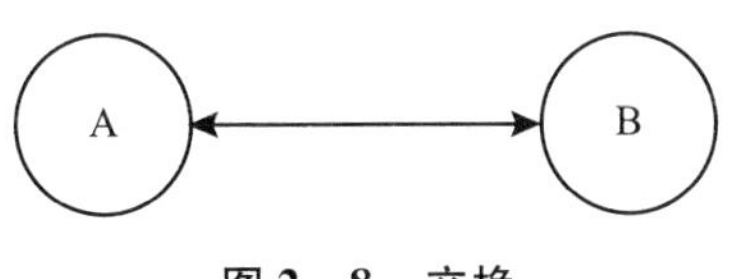

图 2－8　交换

资料来源：Ford，D.，Gadde，L. E.，Håkansson，H.，Snehota，I.，& Waluszewski，A.. Analysing Business Interaction. *IMP Journal*，2010，1：85.

但是，在商业领域中几乎没有像交换这样的简单过程，这是因为似乎有某种变化过程发生在商业参与主体之间。这个过程及其内容可能被参与主体自身从一个更加细致的视角把它分开讨论，这个分开的交互过程直观描绘见图 2－9。这种概念化方式认为，交互是发生在参与主体间的随时间进行的一个过程。交互过程源于参与主体独特的内容，但以各方都不能完全控制的方式发展。这样一来，随着时间的推移，交互改变每个参与主体相互之间能够贡献和索取的内容。

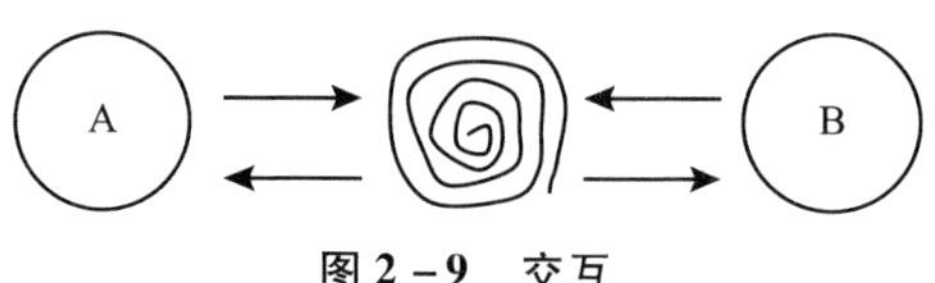

图 2 -9 交互

资料来源：Ford, D. , Gadde, L. E. , Håkansson, H. , Snehota, I. , & Waluszewski, A. . Analysing Business Interaction. *IMP Journal*, 2010, 1: 86.

图 2 -9 中，中心位置的螺旋表示交互过程。这个交互过程的“原料”来自两个交互主体各自的输入。这个螺旋代表每一个独特的交互过程，可能来自产品、服务、交付、适应、发展和支付等，每个都有其特定的特征和时机。从螺旋发出的箭头 A 和 B 代表 A 和 B 的解释和评价，内容是交互过程中出现了什么、什么是彼此的意图和采取什么方法实现它。这些解释与每个交互主体对自己方法的评价、与他们的问题和愿望、与他们的资源和活动以及他们在更广泛的网络中的地位有密切关系，对它们交互过程的解释和评价形成了不同主体间进一步交互方式和具体内容的基础。发自 A 和 B 指向螺旋的箭头代表这些方式和具体内容，它们可能采取多种形式，如改变服务质量、致力于产品的调整；改变谈判中采取的立场、调整联合开发的支付时机和承诺。其中的一些交互方式可能与各参与主体的明确意图或战略是一致的，但是也有一些是没被考虑到的或不一致的，或者是由于惯性和简单地继续维持现状而客观存在的（Ford et al. , 1986）。

图 2 -9 中的螺旋表明交互是一个演化的过程，它没有简单的可识别的结果或终点，因为每个输出是持续的过程的一个输入，并且参与交互的双方将以不同的方式解释。交互兼具有短期效应和长期效应，当前的交互受到刚刚过去的交互影响，同时受到参与各方对将来交互认知和期望的影响。交互的内容不仅仅来自一方。在图 2 -9 中两个箭头分别对应 A 和 B，目的是显示交互过程的连接方法和结果已经超出双方的意图或控制。相反，不同的商业主体之间的交互是受他们的方法或意图和交互过程本身影响的。这样的话，对于每一个参与主体，都将面对互为解释的结果。每一个参与主体都有自己关于采取何种行动和资源的观点，以及交互采取的方式。从交互过程中

得到什么，每一个参与主体也都可能有自己的想法，但是没有理由认定各方的期望在任何方面都相同。每一个参与主体对他们自己的活动和资源起初都有一定的控制，但之后，这些活动和资源采取的形式，以及他们是怎样传递给对方和接收的，受到与对方交互方式的影响。交互在这里可以被看作是一个中介变量，联系交互双方的活动和资源。持续的交互作用将会使参与各方的资源和行为活动以及参与主体自身发生变革。

交互的过程可能按照一个惯例或在各交互主体没有刻意安排的情况下进行。同时，它也可能涉及宽泛的规划、开发、谈判、协商或冲突，并受其影响。但无论这个过程如何发展，没有任何一方能够控制交互过程中的诸多要素或独立于商业世界以外而不受其他相关主体影响。

一个参与主体不只是与另外单独一个主体产生交互，典型的情况是，交互或多或少是一种持续的问题解决过程，在这个过程中一般会有两个以上的参与主体，如图 2 - 10 描绘的那样。每个参与主体将面临更加广泛的交互过程，目的是解决他们自身的问题，同时，每一对交互将不同程度地受到它的连接主体的影响。

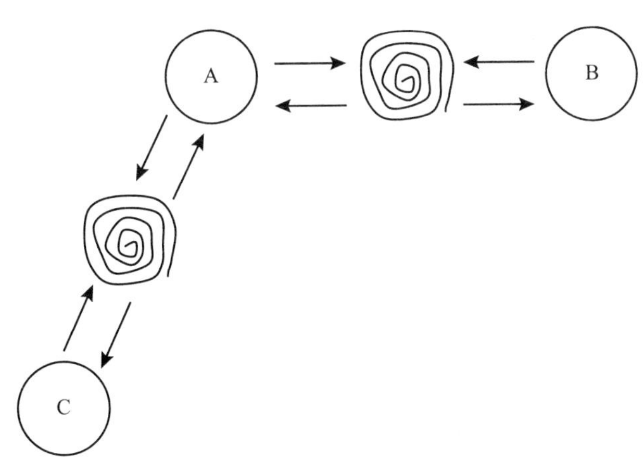

图 2 - 10　涉及三方的交互

资料来源：Ford, D., Gadde, L. E., Håkansson, H., Snehota, I., & Waluszewski, A.. Analysing Business Interaction. *IMP Journal*, 2010, 1: 87.

通过以上分析，得出商业交互的初步概念是：交互是发生在各参与主体之间相互影响、相互作用的实质过程，通过它，商业各方面——人、财、物和商业诸要素——参与主体、活动和资源的利用形式，将有所改变甚至发生变革。

这个概念的一个重要启示是，商业交互不能简单地视为沟通和协商，即使它们是交互的重要方面。一个企业在一个特定交互中涉入越深，对它的活动、资源和自身就会产生越大的影响。交互是随时间逐步累积的过程，因此，参与主体自身以及行为、资源交互的特点是，当它们作为输入而进行交互时，同时也会产生一个交互的结果。

2.2.2 基于交互的研究方法

（1）基于买方和供应商关系的交互

以交互研究方法见长的，非产业营销学派（industrial marketing and purchasing，IMP）莫属了，这个组织成立于 20 世纪 70 年代中期，为了“工业营销与采购”的研究项目而成立，它由 5 个欧洲国家的大学的研究人员组成，分别来自瑞典乌普萨拉大学、英国巴斯大学、英国曼彻斯特理工大学、法国里昂管理学院和德国慕尼黑大学，主要目的是深入理解企业间的相互关系，以及这种二元或多元关系作为分析单元对组织行为的影响。重要的研究成果之一是买方与供应商之间的交互作用动态模型（见图 2 - 11），并且得以开发和使用在工业市场的比较实证研究中。

这个交互模型揭示了交互过程所需的基本条件，并且描述了具有买卖关系的公司间短期和长期交互的主要变量。为了分析和描述这个交互过程，四组变量被提出来：①交互过程自身；②交互过程各参与方；③交互过程的发生环境；④交互氛围（Håkansson & Group，1982）。交互过程受到不同交换事件和关系本身的影响，这些交换事件描述了产品、信息、金钱和社会资本等的短期交换。这些事件不应视为分散的交易，而是在一定关系中的特定交易。长期关系包括三个主要维度：首先，随着时间的推移，前述各种交换事件形成的惯例将导致关系的制度化；其次，通过信息交换，关系各方的接触方式就会形成；最后，各种要素间的交换及交互过程就会调整，形成新的惯例。

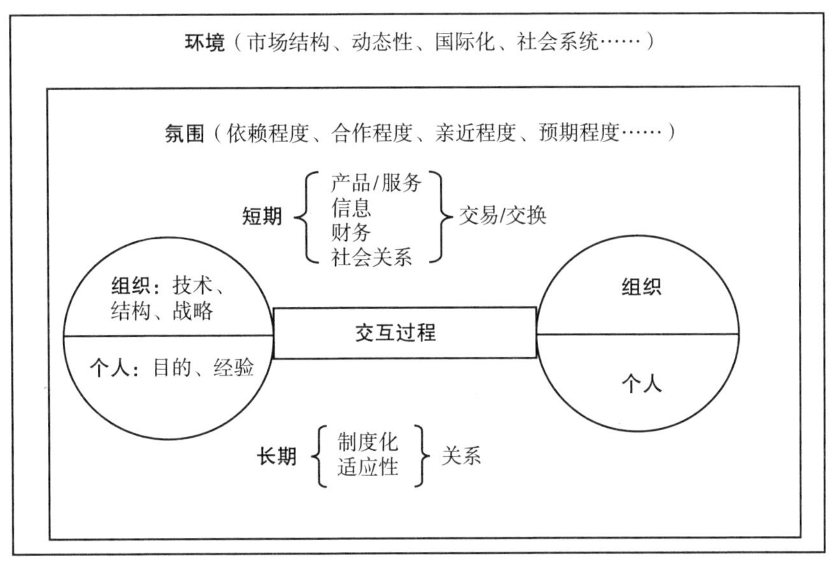

图 2－11　一个交互模型的释义

资料来源：Håkansson，H.，& Group，I. P.. *International marketing and purchasing of industrial goods*：*An interaction approach*：Wiley Chichester，1982：24.

这个交互模式表明，交互各方的关系既具有基于个人交换事件的动态性，也具有基于长期关系、惯例和各方期望的稳定性。交互各方的特性和交互过程本身的性质影响这种交互关系。同时，这种交互关系所处的环境和氛围的具体情况也会影响其冲突和合作的程度如何。另外，惯例在这个模型中起到了重要作用，惯例导致了制度化和形成了长期的商业关系，它的制度化既是惯例推动的，也是交互过程的结果，同时也形成了一个框架，在这个框架中，交互行为还将继续运行。因此，惯例不仅对进行中的交互起到重要作用，而且更重要的是它还影响未来的交互进行。

（2）基于网络连接的交互

IMP 的第二个研究项目启动于 1986 年，这个新的项目和以交互关系为焦点的第一个研究项目有类似的地方。但是侧重点不同，第一个项目揭示了商业市场包含交互各方的关系，第二个项目更进一步表明了这些关系的关键特征——连接性。连接性表达了交互关系的重要内涵。基于第二个 IMP 项目和连接性概念的提出，提出了交互的网络模型（Håkansson，1987）。该模型包括三个最重要元素间的连接，这三个元素分别是参与主体、行为活动和资源，它们之间的连接被认为是涵盖了交互关系的主要内容。参与主体被定义为那些实施行为活动和使用及控制资源的相关主体，包括个人、团体、企业及企业集团等，他们拥有关于实施行为、资源和网络中其他主体的相关知识。每一个参与主体嵌入在关系网络中，由此而拥有获得外部资源的机会。参与主体都具有一定的目的性，他们通过直接或间接控制资源和行为去影响网络中成员间的关系，通过采用过去的经验知识，去提高他们在网络中的地位。

行为活动由参与主体执行，由此，资源才得以改造和传递。资源的改造意味着通过其他资源的使用得到了改进，交易行为和资源改造活动相联系。单个的活动连在一起成为行为链，像这样的行为链在单个企业或跨组织中都存在。因此，网络中的行为活动以不同的方式和不同程度相耦合，耦合意味着任何一个行为活动的改变必然导致与其相联系的一系列行为活动的调整。当一些行为活动不断重复，并通过经验学习形成了惯例，行为活动也将变得稳定和制度化。

资源是实施改造和转移活动所必需的。资源可能是有形的，如产品；也有可能是无形的，如专业知识。资源被单独或多个参与主体控制着，企业的一个主要目的是找到需要资源的通道。因为资源具有异质性，其价值取决于与哪些及如何与其他资源相结合。一种资源可能同时被使用在不同的活动周期和不同方式中，但是，具体如何使用以及资源的价值体现是不同的。新的或经过组合的资源的出现，使得参与主体能够获得新的经验和知识，新的知识能够改变或打破现有的行为周期，从而使得企业在网络中有新的改变和发展。

正如图 2 - 12 中所描绘的那样，一个网络结构中的三个主要元素，一方参与主体与其他参与主体之间相联系，一方参与主体所实施的行为活动及所拥有的资源和其他参与主体实施的行为活动和拥有的资源相连接，另外，三者在网络中也相互连接。

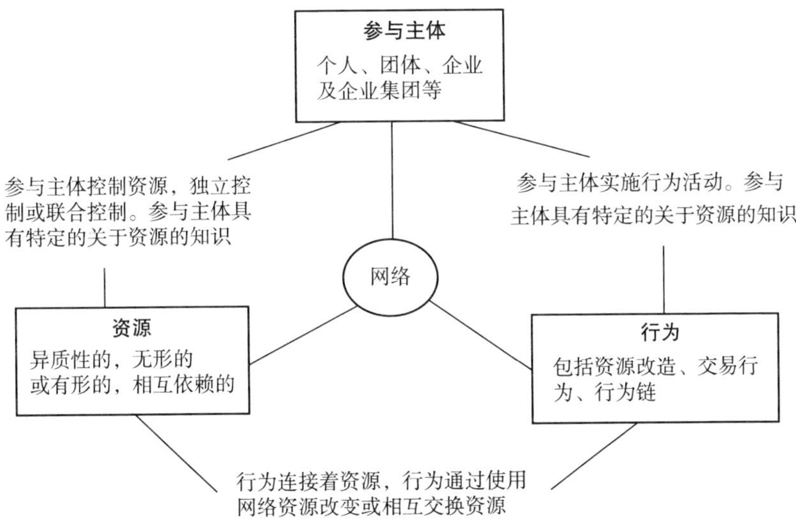

图 2－12 一个基于交互的网络模型

资料来源：Håkansson，H.. *Industrial technological development*：*a network approach*：Croom Helm，1987：17.

基于以上的网络模型，斯涅何塔和哈堪森（Snehota & Håkansson，1995）进一步拓展了该模型，提出了 ARA（activity-resource-actor）模型。ARA 模型比以上的网络模型更加深入地探讨了交互关系产生的效果。第一，它可以作为一个概念框架分析交互关系改变的效果；第二，它能够区分建立交互关系的影响因素。ARA 模型的一个基本假设是，企业间交互产生的不同连接将影响关系的本质和功能。该模型的本质维度和以往的网络模型中的行为、资源和参与主体三个层面是一致的，但是，该模型进一步探讨了三个层面是怎样受交互关系影响的，而且不同的层面以三个不同的分析对象加以分析，分别是：公司、关系和网络。

交互关系作用是怎样的？会影响哪些方面？这是 ARA 的第二个关注点。关系影响这种联合体的本身，这种交互关系使得组织变为“中间性组织”，交互关系中的各参与主体共同实施行为活动和使用资源，这些共同的行为和资源是单方面所做不到的。这种“组队效果”是由阿尔奇安和德姆塞茨（Alchian & Demsetz，1972）所定义的，是交互关系中所固有和潜在的，它的开发程度将决定这种交互关系的质量如何。进一步来说，这种交互关系的质量依赖关系中的三个本质层次。例如，三个层次间的相互作用决定了关系的疏密程度和交换程度，就相互调整和适应方面，三个层次间的连接性反映了关系的亲密程度，因为这种调整和适应反映了共同的方向和承诺。

交互关系通过影响企业的行为结构、资源搜索和组织结构，进而影响一个企业的绩效。一个企业的各种关系决定着它的竞争力、生产力和创新力。关系的交互作用将影响参与交互的其他企业，当然也受到其他企业的影响。每一个交互关系都是嵌入在一系列形成网络的连接关系中的，因此，行为、资源和参与主题间连接的效果，也就是交互关系的作用不仅会影响一对企业，而且会涵盖网络中的每一个企业，且网络中的关系是嵌入式的。这就意味着，一种关系本质的任何改变将广泛地影响网络中的所有企业。因此，交互关系的作用不仅取决于个别公司的行为，而且更取决于对方的行为和第三方的反应。进一步说，通过行为、资源和参与主体间特定方式的联系，交互关系有益于也同时限制涉及其中的企业。

（3）基于资源的交互

继网络交互模型之后，IMP 及其他一些研究人员开始研究交互关系中的具体要素，特别是资源层面的交互研究，目的是认识资源在工业及科技发展中的作用（Corswant，2003；Håkansson & Waluszewski，2002；Holmen，2001；Wedin，2001）。经过研究，一个基于资源的交互理论框架被提出来，该框架描述了基于网络整体资源的各种资源要素以及各要素间的关系。其中，特别是资源异质性，当牵涉发展过程时，它就会体现出特别的意义。虽然资源异质性这一概念在企业网络方法范畴内以不同的方式使用，但哈堪森和瓦卢泽夫斯基（Håkansson & Waluszewski，2002）强调它主要与交互效果方面关系密切。资源以组合形式利用，超越了单个企业的界限，组合的资源具有自身的特点。因此，正是由于资源的异质性，资源的价值不是既定的，而是依靠怎样以及如何与其他资源组合。资源的异质性概念来源于彭罗斯（Penrose，1959）、阿尔奇安和德姆塞茨（1972）的研究，虽然这些学者主要关注的是单个企业，但是他们的关于资源异质性和“组队效果”的基本思想已经被采纳到企业网络方法中，并以交互的视角得到进一步拓展。

就技术发展的研究来看，哈堪森和瓦卢泽夫斯基（2002）区分了四个不同的资源要素，其中两个有形资源是产品和设备，两个组织资源是业务单元和商业关系。组织资源是所谓的软要素，例如知识和学习。这四个资源要素通过企业间的交互过程相互作用、共同发展，它们至少有两个共同特征：第一，它们高度相互依赖，既然产品的生产需要特定业务单元所拥有的设备，同时，为了卖出产品，业务关系也是必需的。第二，它们都以个体为先导。不管是有形资源还是组织资源，它的特征必须被个人正确的诠释和开发，这意味着为了获得经济价值，资源必须由个人呈现出来。

商业关系包含了单个资源要素间的不同的资源界面。例如，供应商的产品和客户仓储设备间的界面。一个界面是不同事物接触并相互作用的地方，以此为基础，资源界面的概念描述了单个资源要素间的连接（Wedin，2001）。界面的概念进一步与嵌入性相联系，韦丁（Wedin，2001）指出，当两个资源之间一定程度上有依赖和相互适应时，它们是嵌入的。界面和嵌入性与是否资源以标注化或通用方式使用有关，也和资源是否在和其他资源组合后调整为特定用途有关。

技术的开发与通过交互进而与新资源界面的创造过程相关联（Håkansson & Waluszewski，2002）。这个过程包括以新的方式使用和组合现有资源，或引入新的资源要素到正在使用的资源组合结构中。任何一个资源要素可能同时被若干企业使用，实现几个资源组合。在一个交互关系中以一种特定的组合持续利用资源将会影响到其他交互关系组合中资源的利用。同时，不同的参与主体和业务单元能够以标准或独特的方式利用资源，这取决于正在使用资源的特点（Håkansson & Johanson，1992）。

哈堪森和瓦卢泽夫斯基（2002）指出，对技术开发过程的解释重要的是要包含四种资源要素。在图 2－13 中，一个核心产品与其他资源要素间的交互作用是解释技术开发过程的重要内容。

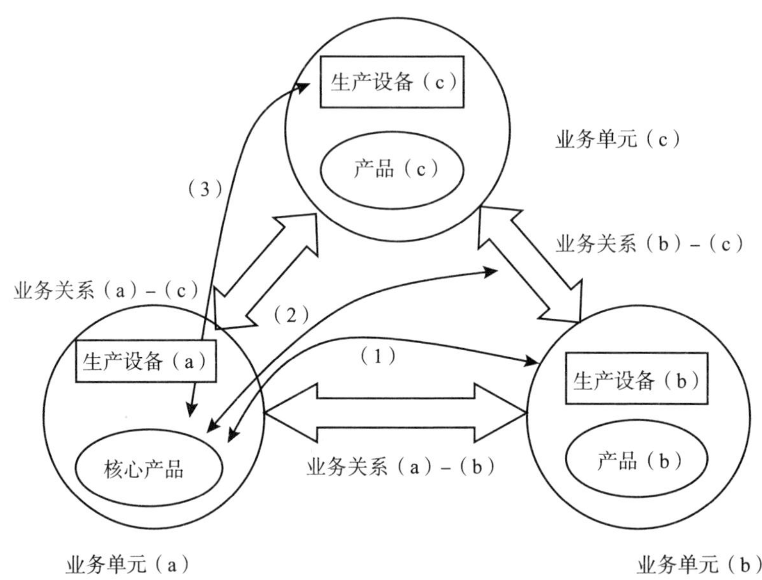

图2-13　资源交互：基于核心产品和业务单元、关系、生产设备和其他产品

资料来源：Håkansson，H.，& Waluszewski，A.. *Managing technological development*：*IKEA*，*the environment and technology*：Psychology Press，2002：38.

2.2.3　商业交互研究现状评述

所有的企业都以某种方式不同程度地与外部主体之间产生关系。虽然，对于这种关系建立的方式和这种关系的复杂性存在不同的看法，在近十年的研究中，研究者和实践者开始更加关注这种交互关系对组织行为产生影响，并且以交易成本理论、资源依赖论、关系契约理论、代理理论和企业网络理论等加以诠释。建立关系的方式也是多种多样，例如，从战略的角度，战略联盟、合资企业、供应链、企业网络等都是其中典型的代表（Håkansson & Ford，2002）。不同个体之间的交互已然成为商业领域中主要特征之一，商业交互关系已成为IMP的重要研究主题之一。商业交互关系给企业管理有意义的启示是，单个企业内的事务虽然重要，但商务事件的核心往往更加关注企业间或企业和其他相关组织间的交互。商业领域内的交互关系和社会领域内交互关系有共同的地方，但是，商业领域内是如何交互的，它主要还是受到主流经济理论的影响，正如上文中基于交互的不同研究方法，它们正是基于不同的经济管理理论才提出来的。受到 IMP 研究的引导，更多学科的学者从各种不同的视角研究商业交互，并且对由直接和间接交互产生的创新推动力越来越关注。

2.3 企业创新能力

企业创新能力一直是学术界和企业界关注的热点问题之一。企业创新能力理论（Enterprise Innovation Capability）是从创新理论和能力理论延伸而来的，对于企业创新能力的本质和内涵虽然在表述上有所不同，但是其核心要义大体相似，多数是把企业创新能力看作是若干要素综合而成的能力系统（孔祥纬，2009）。

2.3.1 企业创新能力的内涵

对企业创新能力内涵的不断深化认识，经历了“能力—核心能力—吸收能力和动态能力—创新能力”的演变历程（陈力田等，2012）。企业能力的界定在 20 世纪 80 年代以后被广泛地运用到产业组织理论、战略管理以及企业资源基础观的分析中，进而发展为企业核心能力理论。核心能力是组织中的积累性学识，体现企业的长期竞争优势。对于企业创新而言，应该选择高附加值的产品作为核心产品，为创新资源的主要分配提供导向，进而培育核心能力。在对企业核心能力分析的基础上，与企业创新过程联系起来，科恩和列文萨奥（Cohen & Levinthal，1990）进一步提出了企业吸收能力理论。吸收能力是一种企业的隐性知识，是有效引进、吸收、掌握和提升现有技术，从而创造出新技术的技能和知识。一些学者认为吸收能力几乎等同于企业创新能力，因为企业吸收知识的能力是影响企业创新能否顺利地、持久地展开的关键。吸收能力对于企业创新的作用毋庸置疑，但是，对于企业创新而言，更加强调在技术引进和消化吸收的基础上变革求新，以超越原有技术并创造出新的租金来源，据此逐渐积累出独特的竞争优势，因此吸收能力被看作是创新过程中的子过程更加合适。另外，在文献阅读中发现，吸收能力文献和动态能力文献交错出现，互为理论基础。相比吸收能力，动态能力观更加关注更新已有组织的能力，它常常与新熊彼特理论、行为理论、演化经济学、资源基础观等联系在一起。动态能力观应用于创新领域有助于我们解释企业创新过程中所需的惯例及其更新过程，动态能力有助于企业在创新过程中实现企业资源和常规能力的协同、演化匹配以及更新，以获取长期竞争优势。相比较吸收能力，动态能力使企业不仅实现技术知识的积累，还可以通过创新获得相应的收益。

由以上分析可知，企业创新能力是一个多维度的综合能力，学界一般从创新内容和创新过程两个不同的维度界定其构成维度。创新内容的视角是将创新能力界定到组织管理职能要素上，具体界定到掌握专业知识的人、技术系统、管理系统以及企业价值观等要素上（Leonard - Barton，2007）；创新过程的视角将创新能力定义为一个过程，在这个过程中，企业从内部或外部获取市场知识和技术知识，将这些知识整合起来获得新的创意，并将这些创意与企业的资源结合，为市场创造有价值的产品，可以简单理解为创造知识、使用知识和商业化的过程（Dutta et al.，2005）。国内一些较为常见的研究是将创新能力分为技术创新能力与非技术创新能力，或技术创新能力、制度创新能力和支持创新能力，这种分类也是基于创新内容的视角。不管怎样分类，共性在于强调新知识的产生和商业用途。正如艾米顿（Amidon，1998）在《知识经济的创新战略——智慧的觉醒》中把创新能力理解为企业创造新思想的能力、使用好思想的能力，以及好思想最终成为市场化的产品或服务，且能够为企业带来利润的能力。

因此，我们综合创新内容视角和创新过程视角，并结合知识基础观，将企业创新能力的内涵界定为企业搜索、识别和获取外部新知识或已有知识的新组合，并产生新的应用和创造新的市场价值的能力。

2.3.2 企业创新能力的构成

企业创新主要是指企业关于生产的科学技术创新和关于管理的科学技术

创新，一般包括生产产品创新、生产过程创新、生产组织创新、管理创新和技术扩散等内容。而企业创新能力就是有利于创新的能力，狭义的企业的创新能力就是指企业的技术创新能力。

企业技术创新能力的结构是指构成企业技术创新能力的基本要素及其组合方式。国内外研究从不同的角度对企业技术创新能力进行了分析。韦斯特法尔等（Westphal et al.，1984）研究发现，技术创新能力是组织能力、适应能力、技术创新能力和信息获得能力的综合；伯格曼等（Burgelman et al.，2004）认为企业技术创新能力是支持企业创新战略的一系列综合特征，包括企业的可利用资源及分配、对行业发展的理解能力、对技术发展的理解能力、战略管理能力、结构和企业文化的综合；伦纳德·巴顿（Leonard－Barton，2007）研究发现，企业技术创新能力的核心是掌握专业知识的人、技术系统能力、管理系统能力及企业的价值观。国内方面，傅家骥（1998）把技术创新能力归为技术能力的一部分，与吸收能力和生产能力共同构成技术能力、技术创新能力是企业发展技术能力的核心，它可以分解为创新资源的投入能力、创新管理能力、创新倾向、研发能力、制造能力和营销能力；魏江和寒午（1998）从技术创新过程的角度来分析，认为技术创新能力的结构要素包括创新决策能力、研发能力、生产能力、市场营销能力和组织能力五个方面，企业技术创新能力的强弱反映在企业研究出来的产品的技术水平、产品满足市场需要的程度、对创新产品投入生产能力以及产品市场化的能力；吴贵生（2000）认为技术创新能力包括投入管理、研发能力、制造能力、营销能力和管理能力。

在开放式创新环境下，企业创新能力提升过程是在企业内外的交互中实现的，对创新能力的研究既要考虑其组成要素又要考虑创新的过程。为此，根据创新活动的行为特点，企业创新能力分为利用性能力与探索性能力（任宗强，2012）。如图 2－14 所示，探索能力与利用能力反映出企业对不同来源的创新资源的掌控和运用，与吸收能力、整合能力等概念密切相关，体现出企业对外部知识的吸收、整合，也能反映企业对内部知识的利用、配置。探索能力和利用能力体现的一个重要方面是探索性学习和开发性学习。探索性学习是通过组织获得新知识的过程，强调成员与外部环境分享知识，吸收新知识，通过探索性学习，组织能不断将外部知识与内部知识有效整合，实现新知识的创造；开发性学习是组织提炼和开发已有知识的过程，其强调整理、合并已有的知识，开发已有知识的价值再造，突出在成员内部知识共享过程中实现知识的有效综合和集成。通过开发性学习，组织能实现已有知识的重构与更新，实现组织知识的价值再造，因此，这两种学习的结合与动态协同是构建持续创新能力的关键（朱朝晖、陈劲，2008）。

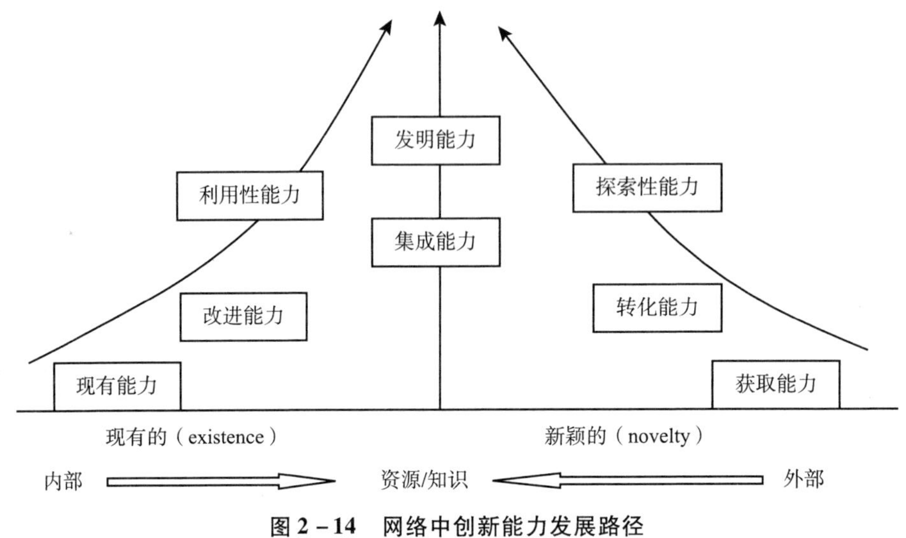

图 2－14　网络中创新能力发展路径

资料来源：任宗强：《基于创新网络协同提升企业创新能力的机制与规律研究》，浙江大学博士学位论文，2012 年。

2.3.3　企业创新能力研究现状评述

国外对企业技术创新能力的分析时往往是从系统的观点出发，把新产品需求的获取、新产品的研发、新产品的生产以及新产品价值的最终实现都作为企业技术创新能力的考察要素。这种观点有利于启发期望获得更好技术创新能力的企业，促进其从企业内外部，从市场到研发、再到生产和销售进行创新能力的改造。国内学者对技术创新能力的分析和界定借鉴了国外学者的一些主流观点，并且在此基础上有一定程度的发展和改进，主要特点是更加强调营销能力，对产出能力的研究更加深入，并且有针对性地提出了技术与市场机会选择能力等有价值的研究议题。但总体来看，不管国内还是国外的研究，大多认为技术创新能力是一个由若干要素构成的、综合性的能力系统，是企业作为技术创新行为主体能够实践并完成技术创新行为的各种内在条件的总和。

由上文中创新能力的构成要素的分析，我们发现企业的创新能力最根本的是企业新知识探索挖掘与运用能力。不管是吴贵生（2000）提到的创新能力中投入管理要素还是研发能力要素，还是傅家骥（1998）提到的创新资源的投入能力、韦斯特法尔等（1984）提出的信息获得能力，其精要都体现在对新知识的探索和挖掘能力上；同时，诸如生产能力、制造能力、营销能力等（傅家骥，1998；魏江、寒午，1998；吴贵生，2000），其要义是对新知识的应用能力。从探索能力和利用能力的分析视角对创新能力的研究来看，“企业创新能力根本上来说是对新知识的创造和应用”这一论断非常有道理。企业知识探索能力和利用能力既反映了创新与学习的过程，又反映了创新活动的绩效，综合反映了企业的创新能力。

因此，本研究认为企业创新能力的强弱，最终反映在是否能够成功创造新知识和有效应用新知识两个重要方面。成功创造新知识能力包括重新组合企业已有知识和搜索、识别和获取外部新知识等方面；有效应用新知识能力包括吸收消化新知识、利用新知识高效率开发新产品和新产品成功市场化等方面。

2.4　本章小结

本章是对相关理论的回顾总结和评述，同时也是本研究的理论基础构成。第一，交互创新理论。该理论的提出是以创新系统论的发展和创新模式理论的演变为基础的，因此，首先回顾和总结了企业创新系统理论及创新模式的演变，并认为创新并不是以一个完美的线性方式出现，而表现为系统内部各要素之间的交互作用和复杂反馈，创新是不同主体和机构间复杂的交互作用的结果，创新具有开放性、动态性、非线性和整体性，如今创新更加注重创新要素的有机结合以及创新系统的整体功能；然后是对交互创新的含义、交互创新的关键因素等做了总结，并认为交互创新是指与其他公司（特别是和顾客及供应商的合作）、技术供给者（例如大学、技术中心）、金融、培训以及公共管理机构的交互的可能性和交互的程度，这种方式对公司的创新绩效有更大的促进作用。第二，商业交互理论。对商业交互的概念和基于交互的研究方法做了总结，并认为商业领域内的交互关系和社会领域内交互关系有共同的地方，但是，商业领域内是如何交互的，它主要还是受到主流经济理论的影响，正如基于交互的不同研究方法，它们正是基于不同的经济管理理论才提出来的。受到 IMP 研究的引导，更多学科的学者从各种不同的视角研究商业交互，并且对由交互产生的创新推动力越来越关注。第三，企业创新能力。企业的创新能力到底如何，最终反映在是否能够成功创造新知识和有效应用新知识两个重要方面。成功创造新知识能力包括重新组合企业已有知识和搜索、识别和获取外部新知识等方面；有效应用新知识能力包括吸收消化新知识、利用新知识高效率开发新产品和新产品成功市场化等方面。

第 3 章

企业交互性分析

事实上，所有的企业都在以某种方式与其他相关主体产生一定的交互关系，这种交互性的存在对企业创新能力产生了一定的影响，尤其在以系统集成和网络化为特征的创新模式影响下，企业交互属性对创新及绩效产生重要的影响。企业交互式创新受到越来越多认可和关注，企业已经不能忽视这种属性，并且需要采取积极的态度去管理这种属性，才能对企业创新能力产生良好的交互效果。

3.1 企业交互性含义

交互不仅仅是简单的交流。交互是指两个实体间的相互作用，例如个体和企业间的、供应链伙伴、企业和市场咨询公司间的信息交换。创新过程的交互性体现了一个企业和相关主体在创新过程中能够交互以及有利于交互的程度。

3.1.1 交互性含义

“交互”（interaction）是一个内涵非常丰富的术语，据查该术语源于1884 年新黑格尔主义者海丹尔的《生命和机制》，他认为环境与机体之间是交互作用、相互反应的，这二者之间是一种交互关系。班杜拉在前人的基础上将交互定义为：事物之间的相互作用，认为环境是决定行为的潜在因素。《辞海》中的“交互”强调两层意思：一是互相；二是轮流替换；《现代汉语大辞典》将“交互”解释为“互相”；《教育大词典》中将“interaction”翻译成“相互作用”，并将相互作用定义为一个因素各水平之间反应量的差异由于其他因素的不同水平而发生变化的现象，这说明在交互过程中，交互主体本身随着交互的进行会发生变化。

因此，一方面，交互性的理解基于交互的基本内涵，交互是指不同主体之间的相互作用，较常见的形式是个人或企业间的信息交换，例如供应链伙伴之间的信息分享，企业和市场咨询公司之间对市场研究的知识分享等。另一方面，交互性体现了互动或相互作用的程度。交互性这个术语经常被用来描述终端技术设备能够促进使用者和设备或者使用者和设备所具有的内容之间的互动程度，例如网民和网站之间的交互性。根据霍曼斯（Homans，1958）发表的《交换的社会行为》，人际间的互动关系是一种过程，在这过程中双方参与者执行与对方有关的活动且交换有价值的资源。交互性是人类社会经济活动本质属性的一个重要方面，在以自利理性为核心的个体选择行为基础上，利益导向、社会影响、心理因素和生物本能等逐步进入经济理论的研究视野，进一步综合地研究交互性，是理论深化的必然，是人类认识自身行为本质迫切的现实需求。

交互性是一个比较广泛的概念，运用在不同的领域，其含义是有差别的。布兰特勃格和戴顿（Blattberg & Deighton，1991）把交互性定义为在不考虑时间和空间的情况下，个人和组织间直接沟通的便利性。戴顿（1996）认为交互性具有两个主要特性：成功接洽一个人和收集这个人各种反应的能力。施托伊尔（Steuer，1992）认为交互性是用户可以实时参与修改媒介环境形式和内容的特性。从交互实施对象来分，交互可以分为人机交互、人人交互和人信息交互（Li & Leckenby，2007）。人机交互是交互性早期研究的焦点，它研究关于设计、评价和实现供人们使用的计算机交互系统，计算机系统的交互性必须体现对用户的及时反应。随着互联网等新技术的出现，人机交互只是体现了交互性部分含义，研究者开始关注其他两个重要方面：人人交互和人与信息交互。以上三个方面从不同的角度反映了交互性特点，还缺少把三个方面特性综合考虑以后再对交互性加以定义。于是，刘和施勒姆（Liu & Shrum, 2002）提出交互性是指不同人员或实体之间以媒介、信息等相互影响、相互作用的程度或水平，并且指出交互性的三个主要构成维度，分别是主动控制性、双向沟通性和同步性。

3.1.2　企业交互性含义

就企业而言，它嵌入在所处的社会经济环境之中，企业之间、企业与咨询公司、企业与科学和技术基础设施机构、企业与教育培训机构之间的交互作用至关重要（Chung & Kim, 2003）。这些交互作用的理想结果是建立网络关系，企业在网络中可以通过寻求互补性获取竞争力，同时可以改善靠合同约束的传统组织关系，建立以信任和风险利益共享为基础，相互依赖的新型组织关系（Teece & Shuen, 1997）。

企业交互性源于商业交互关系，这一观点已经被许多管理者和学者广泛接受，但是，商业交互关系往往被视为管理人员可以采用的一种管理方法或技术，这与IMP的研究形成对比，IMP研究认为，商业交互关系不是一种技术，也不是哪一个公司拥有和控制它，某种程度上说它是商业实践中本质特性的一部分。因此，企业交互性是商业领域中基本的特性之一。企业交互性的主要特征是一组具有交换关系的企业或机构之间相互影响，更确切地说是影响这组企业或机构已建立的观念和行为模式。在这个交互过程中，往往是没有一方占有绝对优势，每一个成员都有机会提出问题并且做出相应的反应和答复，虽然这种机会可能是不均等的。本研究的企业交互性是用来描述一个企业与外部相关主体之间在创新过程中能够交互以及有利于交互的程度。

3.2　企业交互性分析

企业交互性是企业与其他相关主体产生交互以及持续交互的程度，这个概念（conception）抽象表达了特定的管理现象。然而，企业交互性不能停滞在对概念的理解上，这样会制约对企业交互性的进一步识别、测量和应用，也无法实现对管理实践理论的指导价值。因此，有必要将企业交互性进行解构，并形成企业交互性的结构维度。以下将从交互意愿、交互基础、交互关系、交互行为、交互领导力等几个维度对企业交互性进行解构。

3.2.1 交互意愿

企业在创新过程中与其他企业或机构之间交互的目的主要是促进知识更有效的吸收，增加知识存量，提高企业的创新能力。组织间的知识交互具有各种各样的诱发因素，即交互动机各有不同。虽然构成交互动机的因素很多，但是可以归结为效用，企业通过交互预想要获得一定的效用，这样交互关系才能建立，交互行为才能发生。只是交互效用不一定是获取了一定的知识，有可能是心理满足或纯粹就是为了获取经济收益。因此有以下公式：

$$U_i^t = U_i^t(x_1, x_2, \cdots, x_n) \tag{3-1}$$

其中：U_i^t 表示 t 时刻组织 i 获得的效用，x_i 表示第 i 种影响因素，这些因素可能是学习能力、沟通平台、企业规模、企业文化、企业间关系等。

设想 i 组织和 j 组织，它们进行交互的前提是 $U_i^t > 0$，而且同时 $U_j^t > 0$，也就是双方都要获得正的效用，才会愿意进行知识交互。之所以考虑知识交互动机，是因为知识交互动机是影响企业知识积累的函数，进一步设想 i 组织和 j 组织进行交互都是为了获取知识，那么就会有如下公式：

$$S_i(t) = S_i(t-1) + \phi_{ij}(t) \tag{3-2}$$

$$S_j(t) = S_j(t-1) + \phi_{ji}(t) \tag{3-3}$$

其中：$S_i(t)$ 表示 t 时刻 i 组织拥有的知识存量，$S_j(t)$ 表示 t 时刻 j 组织拥有的知识存量；$S_i(t-1)$ 表示 t-1 时刻 i 组织拥有的知识存量，$S_j(t-1)$ 表示 t-1 时刻 j 组织拥有的知识存量；$\phi_{ij}(t)$ 表示 t 时刻 i 组织从 j 组织获取的知识量；$\phi_{ji}(t)$ 表示 t 时刻 j 组织从 i 组织获取的知识量。可见通过交互，双方的知识存量随时间的积累都有所增加。

如果 i 组织是为了获取知识，j 组织是为了获取其他效用，则会有以下公式：

$$S_i(t) = S_i(t-1) + \phi_{ij}(t) \tag{3-4}$$

$$S_i(t) = S_i(t-1) \tag{3-5}$$

其中：$S_i(t)$ 表示 t 时刻 i 组织拥有的知识存量，$S_i(t-1)$ 表示 t-1 时刻 i 组织拥有的知识存量，$\phi_{ij}(t)$ 表示 t 时刻 i 组织从 j 组织获取的知识量。可见，当 i 组织面临其他组织交互动机不是为了获取知识时，它的知识存量没有随时间的积累而增加。因此，交互动机的一致性很重要。本研究设定的前提条件是企业与其他企业或机构之间进行交互动机是为了获取相应的知识。

有了交互动机是为了获取相应知识的前提条件后，其实决定交互行为是否发生的重要条件就是交互意愿。正如科特勒（Kotler，2000）认为的，任何行为在发生以前，都有受到一定意愿驱使的可能性，意愿反映了行为主体愿意付出多大努力和多少时间去执行某种行为。因此选取交互意愿作为交互关系产生和交互行为发生的前提。

3.2.2 交互基础

交互动机说明了每个组织处于什么需要而具有知识交互的倾向，即组织的交互的意愿，然而交互意愿并不代表能够进行实际的交互行为。要产生交互行为，组织之间的知识差距或认知距离将是一个必备的基础条件。诺特博姆（Nooteboom，2004）强调知识差距的重要性，认为不同主体之间适度的知识差距有利于新知识的创造与探索性创新学习。所谓的知识差距主要体现在技术知识与认知结构上的不一致。但同时，诺特博姆（2004）也发现，不同主体间的知识差距会影响或阻碍彼此的沟通、合作与协调，如果彼此之间的知识差距过大，就难以进行有效的沟通。诺特博姆（2000）在研究交互学习时发现，交互双方的知识差距足够小，以便能相互理解；但同时又要足够大，这样不会出现过多的冗余知识，而且有利于产生新知识。鲍姆等（Baum et al.，2010）在研究创新网中交互对象的选择时，发现如果两个企业一样，那么它们之间的交互行为就没有什么太多的价值，只要复制彼此的知识就可以了；但是如果两个企业完全不同，它们又很难与对方建立交互关系，并且很难进行有效的交互学习去获得对方有用的知识。因此，一个企业在评价和搜寻交互对象时，可能会找一些某种程度上相似但又不能太相似的企业。

组织之间进行交互的决定因素很多，如以往的交流经验、彼此的信任程度以及知识的互补性等，但知识存量或者说知识势差是影响它们是否能够进行知识交互的最重要因素。每个组织都会在一定的范围内搜索与自己知识存量相匹配的主体并与之建立交互关系，理论上可以有一定的阈值作为选择标准，如下公式：

$$\frac{|\Delta_{ij}|}{S_i} > d_{min} \& \frac{|\Delta_{ij}|}{S_j} > d_{min} \tag{3-6}$$

并且

$$\frac{|\Delta_{ij}|}{S_i} < d_{max} \& \frac{|\Delta_{ij}|}{S_j} < d_{max} \tag{3-7}$$

其中：$|\Delta_{ij}|$表示组织 i 和组织 j 知识势差的绝对值，S_i 表示 i 组织的知识存量，S_j 表示 j 组织的知识存量，d_{min}表示知识势差最小偏离度，d_{max}表示知识势差最大偏离度。当组织之间的知识势差满足了这个阈值条件时，它们之间的知识相互匹配，能够较好地进行知识交互。

从知识存量的角度看，企业外部的科研机构、大学所拥有的理论形态知识存量较为丰富，这种技术知识趋向于流入所拥有的理论形态知识相对贫乏的企业。相反，企业所拥有的经验形态知识存量较为丰富，这种技术知识流向企业外部的科研、大学等机构，成为科研和大学进行深入研究的经验依据（宋保林、李兆友，2010）。知识势差存在于组织的不同知识领域，可能 A 企业在某一个知识领域具有知识优势，而 B 企业在此领域具有知识劣势；同时 B 企业在另一个知识领域具有知识优势，而 A 企业相对 B 企业在此领域处于劣势；那么 A 企业和 B 企业之间的知识互补性会使得它们产生交互意愿，以达到知识资源优势互补的目的（王月平，2010）。多西（1982）在对技术知识流动性的研究中，认为技术知识发出者与接受者之间的技术知识结构越相似，意味着二者所依赖的技术范式具有同构性，越有利于技术知识的流动。

可见，知识势差有一个匹配度问题，在没有知识势差的情形下，即在完全同质的情况下，两者完全相同没有势差，相似性很大，但没有互补性，交互效果不明显；相反，在知识势差很大，即在完全异质的情况下，两者势差过大，也不产生互补性，交互效果也不明显；只有在知识势差适当，双方具有互补性，交互效果才明显。

因此，知识匹配度是企业与外部相关主体在知识异质性和同质性之间的平衡水平。

3.2.3 交互关系

企业与外部主体之间建立的交互关系会对企业的创新产生作用，如生产者和用户间的交互关系会影响产品创新的市场成功，及时了解用户的需求并充分利用他们的创造潜力，创新的成功率将会得到提升。

（1）关系数量

交互关系数量是指企业与其他企业或机构之间交互关系数量总和，也可以认为是企业交互对象的数量多少。这里只关注直接关系。交互关系作为获取资源的载体，本身也代表着一种关系资源，其数量的多少往往代表着企业拥有的创新资源的多寡（Allen，2000），因此，交互关系数量的多少意味着企业可以获取的创新资源的丰裕程度。

（2）关系质量

交互关系的质量是指企业与外部相关主体之间交互关系利于获取异质性知识的程度。关系质量的形成离不开实体产品或服务中的有形部分的支持，它是这些有形实体价值创造过程中的伴随产生物（Holmlund，2001）。关系之所以存在，是因为交互各方均能从关系中获得需求的满足，通常所说的关系质量高表示各方对关系提供给自己的价值与期望符合程度的评价较高。

关系质量是关系双方之间心理契约的重要表现，通常把相互信任作为关键指标。相互信任是指企业对其合作客户或者供应商等成员的共有信任倾向程度，反映了合作伙伴与企业的公平交易情况（McEvily & Marcus，2005）。

良好的交互关系不仅存在于具有正式约束力的长期交易契约之中，而且还存在于具有非正式约束力、影响更深远的心理契约之中，如相互信任，并且这种心理上的影响通常不易改变。布兰瑟洛和埃尔拉姆（Blancero & Ellram，1997）认为，相互信任是各类关系中隐含的内生变量，是反映关系质量的坚固程度的重要指标。

关系质量关注对方对关系中出现的问题和矛盾的解决能力（Gummesson，1987）。企业的合作经验是指企业与交互对象之间的合作时间以及合作项目的绩效。由于信息的不对称与各自立场以及感知角度的不同，交互过程中不免会遇到困难，这时良好的关系会使双方采用各种办法来公平合理地解决问题。因此，对交互关系中出现问题的处理能力与娴熟程度，就预示着不同的关系质量，合作经验也是关系质量中的重要指标。

资源基础观强调，资源已经超越了企业的边界（Gulati，1999），企业正在不断地嵌入更为广泛的组织间关系网络中，因此对组织间的相互依赖进行分析非常重要（Galaskiewicz & Zaheer，1999）。资源基础观认为，单个企业的资源可以作为一种社会资源来进行研究，从而导致组织内部及组织间的相互依赖被置于一个开放的系统中去分析。当企业资源不能或不能有效地通过市场交易或并购而取得时，企业必然要发展组织间关系，以获取想要的资源。组织间关系网络搭建了与其他企业共享或交换有价值的资源的有用平台，这样的话，企业可以利用自己现有的有限资源与其他企业的资源进行融合，从而实现资源的获取和利用，实现更多的价值。因此，组织间的相互交流合作、共享彼此独特的能力要素及资源，可以创造竞争优势，并且产生更多的交互利得（interactive gain）。以上分析说明，企业和其他企业或机构之间的关系是相互依赖、相互影响的（罗珉，2007）。因此，依赖程度是交互关系中的又一重要指标。本研究中企业对交互对象的依赖程度是指在创新过程中依靠其他企业或机构的程度。

3.2.4 交互行为

交互的网络模型（Håkansson，1987）中明确指出行为活动是交互过程中重要的元素。交互成员实施一定行为活动，资源才得以改造和传递。交互关系中的行为活动以不同的方式、不同程度相耦合，耦合意味着任何一个行为活动观点改变必然导致与其先联系的一系列行为活动的调整。如今企业的创新，需要多种主体的参与，客户、供应商、中间商以及研究机构等都可能参与其中，当然根据创新的复杂程度，不同主体参与到创新过程中的程度有所差别。另外，创新很大程度上是一个学习过程，而且是一个交互式的学习过程。交互式学习不等于企业间或其他机构的简单与交流合作，它以交换知识为主要目标，是一种相互作用的学习，而相互作用必然存在作用主体和相互联系。交互式学习的构成主体分为企业、大学科研机构、政府、中介机构和金融机构等，而企业在这里是交互式学习的主要成员。由此，企业创新过程中交互性的行为维度包含创新参与和交互式学习性两个重要维度，相互参与体现了相关主体在创新过程中参与企业创新活动的程度，交互式学习体现了企业创新过程中和不同主体间相互学习进而获取有用的知识。

（1）创新参与

在交互式创新模式下，创新是一个复杂的反馈机制，包括在技术、学习、生产、政策等要素之间进行交互作用的复杂过程，而不再是一个简单的线性过程。此时，企业很难单独开展创新活动，必须在其他主体，包括顾客、供应商、投资者、竞争对手、高校及科研院所、政府等部门的参与下，进行创新活动。

陈劲和陈钰芬（2006）从创新参与者的角度，认为开放式创新系统应吸收更多的内外部创新资源，形成以创新利益相关者为基准的多主体参与创新模式。李支东和章文俊（2010）通过案例研究证实了要顺利地完成产品创新的前端重要工作——产品创意，需要企业内部所有员工以及企业外部所有相关人员共同参与，企业外部的所有人员，包括供应商、顾客、合作者、竞争者等，而且人人都可以通过个人创造力的发挥及对创新实施的支持，在从产品创意机会识别到产品创意实现的整个创新过程中，发挥自己的作用，为提升企业的创新绩效作贡献。贾理群和汪应洛（1995）分析了新熊彼特主义学派对技术创新理论的研究，认为用户参与互动作用的性质和强度是创新成功的重要因素。用户参与产品创新是通过供给与需求、技术与市场的配合来实现制造商与用户之间的交互式产品开发，在这一过程中，制造商与用户通过信息与技术上的互动沟通，完成新产品开发，达到各自追求的目标（李随成和姜银浩，2008）。除了用户参与创新研究比较常见以外，供应商和合作伙伴等其他主体参与创新也越来越受到关注。弗里奇（Fritsch，2001）分析了在创新过程中企业与供应商合作的四种关系，分别为以获取信息为目的的偶然联系、有组织的信息与经验交流、参与计划制订与项目实施，以及创新产品的领先使用。另外，在复杂创新系统中，企业是中心，其创新参与者除了周围的顾客、供应商之外，技术中介机构、公共研究机构、教育机构等同样也扮演着参与创新和知识传递的重要角色。参与创新过程的程度不同，象征性地参与和深入地参与对知识的整合效果和产品创新的结果影响是有很大不同的。

（2）交互式学习

伦德维尔（1985）首次提出了交互式学习概念，后来把交互式学习定义为：不同主体为创造和应用经济性新的有用知识开展的交流乃至合作的过程（Lundvall et al.，2002），他认为许多重要的学习和创新都应该被看成是交互式学习的过程，交互式学习存在于相互作用之中，既包括企业的不同部门间的合作（研发、生产、市场、分销等部门），也包括与其他企业，尤其是与供应商和客户，以及知识提供者（如大学和技术中心）、金融机构、培训以及公共管理机构的外部接触和合作。以 IMP 研究传统和网络化研究方法来看，交互式学习被认为是处于一定商业关系中，企业间交互过程中处于中心地位的内容。福特等（1986）强调交互可以被看作是一个学习过程，通过相互学习，企业获取了更多有用的外部知识（Håkansson & Johanson，2001）。通过交互学习，各相关主体的知识和经验都得以增长；各相关主体之间有了明确方向，自身惯例得以改变，同时也更加体现相互依赖性。交互式学习这个过程也包括传授知识（Håkansson & Ford，2002），企业并不是完全能够自由决定学习什么、向谁学、什么时间学，它的学习能力受到其他相关企业的影响。因此，企业之间的交互，应当是学习和传授并存的。

交互式学习体现在企业间交互关系的各个阶段。根据福特等（2003）的研究，企业间交互关系分为四个阶段：前关系阶段、开发阶段、发展阶段和成熟阶段。学习在交互关系形成的早期阶段特别重要。在开发和发展阶段，为了尽快了解对方，交互各方参与到细致的学习过程中。这种学习有利于建立参与主体、资源和行动的链接，这是实现成熟阶段稳定关系的必经之路。成熟阶段的特征是惯例化和已建立连接的利用，这一阶段仍然包含一些学习，但有别于关系初始阶段的开发式学习。不同的关系阶段对应着不同的学习过程，初始阶段主要体现出的是广泛性学习，而靠后阶段的学习过程的特征主要是为了使关系更加稳定和有效利用。也可以这样认为，因为关系稳定了，更加有利于交互学习了。因此，交互各方处于成熟阶段，相互更加了解，创新可能在这一阶段更易产生。

企业交互式学习的对象多种多样，不仅仅限于企业之间。根据哈堪森（1989）的研究，企业被看作是创新各主体的核心，那么交互式学习主要包括企业与客户、供应商之间的纵向交互学习；与竞争对手、相关行业有合作关系的企业之间的横向交互学习；与大学和科研院所等知识生产机构的交互学习；与科技服务机构之间的交互学习。

可见，企业和外部不同主体间的交互式学习情况怎样，对企业获取知识和取得创新成功至关重要。因此，交互式学习是指一个社会过程，企业在知识的开发、扩散、应用和创新过程中，与外部主体之间持续地发生交互作用，从而完成知识的输入、输出和反馈。

3.2.5　交互领导力

为了更好地理解交互领导力，有必要简单回顾个体领导力的经典阐述。巴纳德（Barnard）认为成功的管理者与不成功的管理者在个人特质上存在着明显的差异，领导力就属于这种差异性的个人特质。从领导力在管理者的行为与决策中所起到的作用来看，领导力普遍被认为是一种影响力。

由此，交互领导力是指企业与外部相关主体在交互过程中，对交互对象的影响力，它能直接作用于交互对象的行为。交互领导力越强的企业，就越有可能在交互关系中占据主动地位，企业更加能够主导交互过程中的知识流和信息流，控制与协调企业与交互对象的知识创造和整合路径，从而有利于知识转移，特别是隐性知识向企业转移（郝斌、任浩，2011）。

3.3 本章小结

本章对企业交互性的含义进行了阐述，并对其维度进行了分析。首先介绍了交互性的概念，由此再过渡到企业交互性的概念。企业交互性描述了一个企业与其他相关企业或机构之间能够交互以及交互的程度，交互的对象可能是供应商、零售商、咨询公司、监管机构或其他相关主体。企业交互性构成维度的分析是本章的重点，也是进一步探讨企业交互性对企业创新能力影响以及建立理论模型的基础。本研究认为企业交互性结构维度包含五个重要方面，分别为交互意愿、交互基础、交互关系、交互行为和交互领导力。

第 4 章

企业交互性对创新能力作用机理

通过本书第 3 章对企业交互性的结构维度的分析，明确了四个方面，分别是交互动机、交互基础、交互关系和交互行为。本章研究这四个方面和企业创新能力作用机制。首先建立本研究的基本概念模型，然后针对基本概念模型中涉及的关键变量和关系进行研究假设的设立。

4.1 企业交互性对创新能力作用机理模型

根据本书的研究背景、对象和要解决的研究问题，下面将构建理论框架和假设模型，如图 4 -1、图 4 -2 所示。

4.1.1 作用机理总体研究框架

如图 4 -1 所示，本研究是在知识经济和创新网络化大背景下展开的，研究对象是创新过程的企业交互性和产品创新活动，影响因素（解释变量）是企业交互性，具体结构维度在第 3 章已经阐述，影响结果（被解释变量）是企业创新能力，控制因素（控制变量）是企业规模、企业年龄和行业类别。

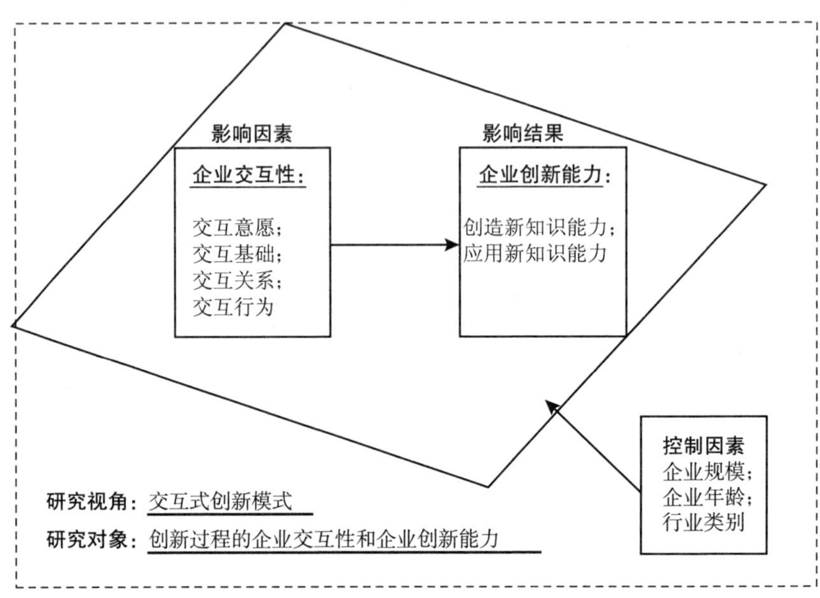

图 4－1　总体研究框架

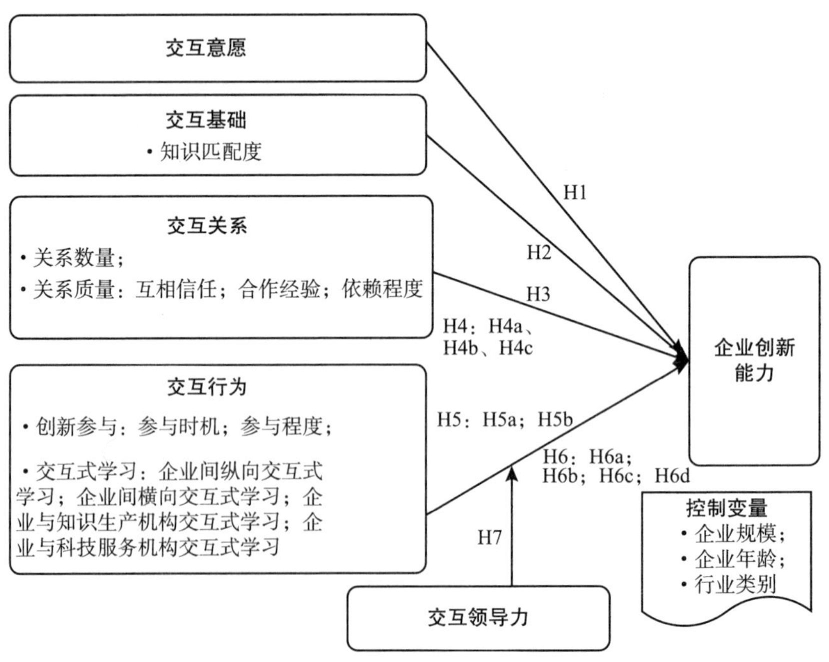

图 4－2　细化后的概念模型

4.1.2 研究变量细化后的概念模型

总体研究框架勾画出各变量之间的基本关系，下面将对总体研究框架加以细化和扩展，构建细化后的概念模型，如图4-2所示。在图4-2中，影响因素（解释变量）为企业交互性，它将从交互动机、交互基础、交互关系和交互行为四个方面分解，交互动机选取交互意愿作为解释变量；交互基础选取知识匹配度作为解释变量；交互关系进一步划分为关系数量和关系质量两个方面，关系质量将选取互相信任、合作经验和依赖程度作为解释变量；交互行为进一步划分为创新参与和交互式学习两个方面，创新参与将选取参与时机和参与程度作为解释变量，交互式学习将选取企业间纵向交互式学习、企业间横向交互式学习、企业与知识生产机构之间交互式学习、企业与科技服务机构之间交互式学习四个解释变量。

4.2 作用机理研究假设的提出

根据上述细化后的概念模型中各变量之间的影响作用机制关系，下面将设置相应的研究假设，包含了交互意愿、交互基础、交互关系和交互行为和交互领导力五个方面对企业创新能力影响的相关假设。具体来看，有13个变量（交互意愿、知识匹配度、关系数量、互相信任、合作经验、依赖程度、参与时机、参与程度、企业间纵向交互式学习、企业间横向交互式学习、企业与知识生产机构之间交互式学习、企业与科技服务机构之间交互式学习、交互领导力）分别设置影响企业创新能力的相关假设。

4.2.1 交互意愿与企业创新能力

由3.2.1对交互动机的分析可知，对于企业而言，它需要基于自己的目的，对其他企业或机构的了解状况，对知识的认知情况、自身知识存量以及收益等众多特性来考虑选择什么样的企业作为交互对象。一般认为交互意愿能够促进创新能力，这是因为当一个企业具有强烈的交互意愿时，它更愿意建立交互关系和产生交互行为，包括高层管理人员在内的企业员工持更加开放的视角面对新事物和新思想，从主观上更愿意接受或从事创新活动，为此企业会着手收集各种创新相关的信息和知识，会积极开发创新活动所需的各种资源，从而为创新活动做准备，因此也会促进创新能力的提升（Ramani & Kumar，2008）。赫丽和霍特（Hurley & Hult，1998）等人也通过实证研究发现，企业在创新过程中，与其他企业和机构的交互意愿可以提高企业自身的创新能力。

由此，提出假设 H1：企业交互意愿越强烈，越有助于提高企业创新能力。

4.2.2 知识匹配度与企业创新能力

由 3.2.2 对交互基础的分析可知，企业与交互对象的知识匹配度对交互效应起到基础作用。在企业创新过程中，企业现有知识和交互对象知识的匹配关系一方面体现了交互对象的知识与企业创新所需要的知识有一定的关联性，能适应企业的环境，同时又能被企业消化吸收，使企业有能力在接受新知识的同时结合企业原有的知识，整合创新，进一步提高企业创新能力。简而言之，只有交互对象的知识与企业创新所需要的知识较为匹配，才能对企业创新能力的提升有所帮助（Ahuja & Katila，2001）。

知识的匹配度往往体现为知识的互补性和兼容性。知识互补性使企业和交互对象之间具有彼此所需要的技术和资源，给企业带来不同但又有价值的技术能力和商业能力。在交互过程中，各成员进行知识的交流和创新，弥补知识势差，增强成员的内部知识存量，当知识互补性大时，意味着成员从对方那里学习的更多，企业内部和外界知识越能得到充分利用，对企业的创新能力越有利。交互作为互补知识的一种特殊组织形式，其互补性并不代表完全差异化，一个企业寻求和利用交互对象的知识，必须拥有相同或者相似领域的知识基础，特别是企业与交互对象的知识“匹配”。只有这种建立在“匹配”基础上的差异性才能够提高对新知识的理解和吸收，有助于提高企业创新能力（Murray & Kotabe，2005）。科恩和列文萨奥（1990）也指出：企业发现新知识的价值，吸收和应用新知识能力的获得，是建立于以往知识结构之上的，当新学习客体和以往知识互补时，学习的绩效会更高。同时知识的兼容性有利于企业间差异的融合，使知识转移通道更为畅通、知识共享更为便利，影响知识兼容性的因素一般包括共同经验、知识基础和文化相容性等方面，企业和交互对象的知识兼容性实际上大大提高了企业利用由互补性知识产生的学习潜力，对企业创新能力起到了推动作用（Zander & Kogut，1995）。

由此，提出假设 H2：企业和交互对象的知识匹配性越好，越有助于提高企业创新能力。

4.2.3 交互关系与企业创新能力

以上分析交互意愿和知识匹配度两个方面，是企业和外部主体具有了建立关系的前提条件，一旦建立了交互关系，还要重视交互关系的数量和质量，因为它们对企业创新能力会产生重要的影响。

（1）关系数量与企业创新能力

企业的交互关系数量越大意味着企业的关系资源越丰富，越有可能实现创新的规模效应，跨越创新活动自有资源限制，从而提高自身创新能力。

企业交互关系数量多有助于其自身理解什么是重要的知识以及这些知识的来源，有助于同合作者分享更多的公共知识平台（Uzzi，1997）。交互关系可作为有效机制促进跨组织界面技术诀窍的转移和学习，良好的学习效果取决于企业之间重复的交互过程，这一过程可以使信息得到正确诠释，让更多企业取得有用的知识。当企业联系的外部实体数量越多时，企业获得外部知识的渠道也就越多，越有助于企业创新能力的提高。山等（Shan et al.，1994）对生物制药类企业间的关系进行研究表明，关系数量对企业的创新能力提高有显著积极影响。一个企业的交互关系数量越大，它将越能够与那些能提供准确及时的信息和建议的企业建立联结，获取对于企业在技术创新方面有价值而且必需的知识。已有研究也证明了企业建立的关系中保持信息和知识的多样化可以提供更大范围的观点、认知资源和解决问题的能力，从而有助于企业创新绩效的提高（Rodan & Galunic，2004）。

但也有研究认为，过多的企业交互关系的建立不总都是利好。首先，交互关系数量的增加意味着整合许多不熟悉知识流的难度日益增加；其次，对于数量越大的交互关系，企业需要更多的资源和管理时间来监控它们；最后，交互关系数量越大，所传递信息的数量和多元性会增加，但也包含了更多的“噪声”，对企业整合知识进而提升企业的创新能力是一种障碍（Gilsing，2005）。

虽然企业交互关系的数量对企业创新能力有正反两个方面作用，但笔者认为在转型时期的中国，市场经济发展机制尚未健全，市场体系也不很发达，而且整个市场环境的信任度不高，因此，企业有必要与外界不同实体建立相当数量的交互关系，这样才能获得创新过程中关键的技术知识和市场信息，从而有利于企业技术能力的提高。

由此，提出假设 H3：企业的交互关系数量越多，越有利于企业创新能力的提高。

（2）关系质量与企业创新能力

从多数研究来看，相互连接关系越密切，对知识活动与创新及产品开发活动越是有积极的促进作用。如汉森（Hansen，1999）指出相互连接关系越密切则越有利于复杂知识的传递，徐（Hsu，1997）则认为相互连接关系密切性高有利于技术相关的外部知识整合，并对企业的技术创新及产品开发能力产生有益的影响。本特松和索维尔（Bengtsson & Solvell，2004）认为企业与供应商及客户之间的交互关系越密切，对外部知识整合及其创新绩效越有积极影响。魏江（2003）从对浙江杭州软件产业集群的实证研究发现，企业家、高级与中层及基层管理人员、技术开发人员与外界高频率的非正式交流互动越多，越有利于技术与知识整合及信息在产业集群内部的流动。蔡宁和潘松挺（2009）通过案例研究发现，企业间相互连接关系越密切，企业间相互信任度越高，将会有利于整合外部复杂知识，进而有利于对现有技术的深入挖掘与开发，促进企业创新能力的提高。创新需要结合多样性的知识，如果企业与供应商间有较强的关系连接，就意味着它们之间的互动是深入的、专注的，通过密集的互动会有较高的信任程度，从而能分享敏感性信息，并发展出共同的意图和目标。因此，当企业与外部供应商间有较强的连接关系时，会有较高的获取新知识和利用新知识的机会，增加创新成功的可能性。同时，许多学者认为通过了解顾客的需求，获取相应的知识，以创造新产品或服务是维持竞争优势的重要基础，但是，顾客通常无法将其潜在的需要完整表达出来，要想掌握顾客真正的需要，必须与顾客维持紧密的关系（简兆权等，2010）。

由此，提出假设 H4：企业与外部相关主体的关系质量对企业创新能力有显著影响。

外部知识往往嵌入在不同背景的组织或个人中，它们可能处于不同地理、语言、文化和技术环境中，这就意味着只有和外界建立较密切的联系，才能对外部知识加以识别。可见，由于知识变得越来越内隐、越来越复杂，企业外部知识识别也就越来越困难，解决这一困难的方法之一是加强与外部组织之间的联系，相互沟通，增进彼此了解程度（Nahapiet & Ghoshal，1998）。企业外部知识的识别需要良好的信任机制，如果企业和外部组织没有紧密的关系，双方缺乏相互信任，就会互相隐藏知识，这必然会影响知识的识别。企业可以通过定期会晤、项目小组、建立知识共享的网络平台等相互连接形式加强沟通，增进了解，从而促进企业对外部知识的识别（黄晓晔和张阳，2006）。

企业外部知识获取通常是指企业将所获取的外部知识进行分析、处理和有效转化过程。企业同外部相关主体的交互具有很强的转移知识的特性（Ahuja，2000）。这种交互产生的相互连接性具有两个突出的特征，分别是目标分享和相互信任（Inkpen & Tsang，2005；McEvily & Marcus，2005），目标分享促进了相互理解，它超越了关于价格、质量和数量等条款所约定，通过创造更深层次的交互去推动和突出未来资源和知识的交换（Tsai & Ghoshal，1998），因为对彼此的运营有较深的理解，交互各方更加愿意跨组织转移知识，相互之间的连接使它们的资源更加有效的交融，进而产生有价值的潜在资源（Madhok & Tallman，1998），因此，目标分享避免了沟通时的误会和减少了协商时间，使知识转移更加快捷和顺畅；相互信任建立了亲密、可预见的和信赖的基础，使得交互各方更加开放和更加愿意接受的转移和获取相应知识（Dyer & Hatch，2006），企业间知识转移的一个主要障碍是担心有价值知识的泄漏（Inkpen，2000），相互信任使企业间的交往更加具有诚意，有助于克服这个障碍。另外，麦克维利和马库斯（McEvily & Marcus，2005）提出当交互各方相互连接进行交互时，信息分享倾向于更加复杂、更加细致和更加丰富的数据，而不仅仅是简单的价格、数量等信息数据；相互信任使交互各方更加愿意交换知识和共同解决问题。

因此，假设 H4a：企业与交互对象的信任度越高，越有利于企业创新能力的提高。

企业的合作经验是指企业与交互对象之间的合作时间以及合作项目的绩效。企业与外部企业或机构经过多次合作，彼此都会对对方的管理风格、能力、弱点等有较深入的了解，能够更好地利用双方的资源禀赋。同时，随着合作经验的积累，合作双方会更容易形成特有的知识转移与共享惯例；双方随之建立的企业间信任会激励双方共享知识价值，进行知识价值的开发，从而有利于企业创新能力的提高。通过长时间的合作以及较好的合作绩效，双方更容易建立融洽的关系，由于较好的相互了解，双方更善于在合作中互通有无，从而为企业创造良好的创新氛围，从而有利于企业创新能力的提高（李随成等，2009）。

另外，企业把经过外部识别与获取到的知识经过转化与消化吸收整合成为企业内部所需的知识后，将这些知识有效地运用到企业现有与新问题的解决中，如企业新产品设计与开发、生产工艺及流程优化和客户与市场需求的发掘及创造等活动。一个常与组织外部进行联系具有较多合作经验的企业，不但善于把其他领域知识应用于新的领域，而且通过运用这些想法，可以拓宽解决问题的思路，促进新产品的产生（侯吉刚等，2009）。新产品开发过程中，开发人员与客户经常联系和互动，将有利于企业有效应用外部知识，可以使企业能够更为快速有效地完成新产品开发任务，达到提高技术创新能力的目的（卢青伟，2010）。

因此，假设 H4b：企业与交互对象的合作经验越丰富，越有利于企业创新能力的提高。

相互依赖程度高说明企业间资源的互补性强，通过互补性资源的依赖关系，企业间可以形成比较稳定的互利互惠合作关系。但是过高的依赖可能导致技术知识信息的循环流动和流动冗余，进而给企业带来锁定效应。同时，高度的依赖性会产生关系成员企业间态度与结构的趋同性，抑制企业对环境变化的敏感性，这些都会降低企业的技术创新能力（Pisano，1990）。而企业对供应商的依赖程度对制造企业的技术创新能力则有消极影响（李随成等，2009）。当企业对合作伙伴的产品或技术过于依赖时，会阻碍双方在合作计划和方法上的沟通，不利于双方合作，此时，企业对合作过程满意度较低，同时对技术创新能力提升不利。加德和斯涅何塔（Gadde & Snehota，2000）指出，当双方的依赖程度过高，特别是依赖关系不对称时，企业在合作中拥有的权力就会失衡，拥有较大权力的企业会利用他们的权力为自己谋求最大的利益，甚至不惜牺牲弱小成员的利益，对于企业的创新能力提升非常不利。

因此，假设 H4c：企业对交互对象的依赖程度越高，越不利于企业创新能力的提高。

4.2.4　交互行为与企业创新能力

创新过程的交互行为主要体现在外部相关主体参与创新，以及企业与外部相关主体的交互学习。参与创新与交互学习的情况对企业创新能力产生一定的影响。

（1）创新参与与企业创新能力

外部相关主体的参与提高了外部知识整合的效率。在新产品技术问题解决过程中所需要的重要知识一般具有黏滞性，识别、获取和使用它是要付出相应的成本的，知识的黏滞成本是指从一个知识源传导知识单元到另一个地方以供某个给定的知识需求者使用所发生的增量成本，这种成本越高，信息的黏性就越强，反之就越弱（Kristensson et al.，2003）。因此，从知识黏滞性的角度看，外部相关主体的参与，特别是客户参与企业开发新产品是具有经济合理性的，通过用户参与产品创新活动，可以有效解决由于知识黏滞性的存在而带来的开发成本问题，有效提高了外部知识整合效率。另外，良好的参与性，有益于外部知识整合的效果。例如在供应链交互创新中，供应商或用户采取直接参与产品创新的方式，与制造商的各层次人员进行学习和交流，通过用中学，实现大量隐性知识的交流与渗透，促进了企业间现有知识的结合与吸收以及显性与隐性知识的转换，进而创造新的交叉知识。因此，当供应商参与制造企业的技术创新时，充分了解了制造商的需求，通过创造性的磨合与技术互动，特别是双方现场面对面的互动，将有助于供应商与制造商之间产生新的知识，有效促进了企业外部知识的整合。

由此，提出假设 H5：企业与外部相关主体的创新参与对企业创新能力的提高有显著影响。

新产品开发期间企业外部主体的参与可以促进双方行动上的合作，能够确保信息知识及时得到分享，企业对新产品开发中出现的新变化尽早反应，使得企业对产品设计等方面新知识的出现能够及时的识别、获取和应用，从而有益于企业创新能力提升。艾查德等（Van Echtelt et al.，2008）认为在良好的战略合作情况下，供应商愿意并且能够参与到产品和服务设计的早期阶段，并与顾客接触，这将有助于企业的产品和服务更好地适应顾客的需求，从而提高创新能力。

因此，假设 H5a：外部相关主体参与创新的时机越早，越有利于企业创新能力的提高。

让企业外部相关主体参与产品创新过程，彼此之间直接接触，互相了解对方的需求信息，有利于识别对产品创新有用的知识（Teece，1992）。如用户参与企业产品创新的过程中，能够降低企业对顾客需求的无知，增加了解顾客对产品的需求信息，进而减少企业由于错误识别产品知识而导致的将错误产品引入市场的风险。参与程度不同，对知识的识别效果也不同，象征性地参与可能只会对识别显性知识有帮助，深入地参与对识别关于产品创新的重要隐性知识能起到很好促进作用（Hobday，2000）。在产品创新过程中，企业寻求外部知识时，外部相关主体的深入参与往往能够促进企业有效地获得所需要的知识。相互参与性高，可以改变外部主体原有的认识，形成对企业新产品开发新的认知，促进知识转移意愿，从而使企业顺利获取外部知识。外部知识获取后，需要将知识用于满足客观需要的过程。获取新知识可能就是最终的新产品，但大多数情况是新知识与现有知识综合，才能转变成为新产品或新服务（吴洁等，2006）。外部主体参与到产品创新过程中，对新旧知识的融合有促进作用，对外部知识的应用更加方便快捷，参与程度越深，越能充分挖掘和应用企业外部知识的价值。

因此，假设 H5b：外部相关主体参与创新的程度越深，越有利于企业创新能力的提高。

（2）交互式学习与企业创新能力

交互式学习是指一个社会过程，企业在知识的开发、扩散、应用和创新过程中，与外部主体之间持续地发生交互作用，从而完成知识的输入、输出和反馈。根据企业与外部不同主体之间的交互，分为企业与客户、供应商之间的纵向交互学习；与竞争对手、相关行业有合作关系的企业之间的横向交互学习；与大学和科研院所等知识生产机构的交互学习；与科技服务机构之间的交互学习。下面先分析企业与外部主体之间的交互式学习与企业创新能力之间的关系及假设的设立，然后再分析纵向交互式学习、横向交互性学习、与大学和科研院所等知识生产机构以及科技服务机构的交互式学习与企业创新能力之间的关系及假设的设立。

在企业创新过程中，企业与外部相关主体的交互式学习，主要是企业为了找到创新路径、解决创新问题而进行的相互影响、相互作用的学习活动，是围绕技术创新的成功实现而进行的创新者之间互相启发、协调的活动。科格特和赞德（Kogut & Zander，1992）认为，企业对新知识的应用是以知识来源为基础的，而与外部相关主体的交互学习是知识来源的主要途径之一，企业可以通过与外部上下游企业之间的交互学习，实现外部知识有效应用。当企业与其上游供应商、下游客户等相关主体进行交互学习时，往往是企业内的关键成员开始学习，转化成企业成员较容易吸收的知识形式，然后将学习到的知识吸收到自己企业的知识网络中，以便于企业内其他成员使用。从这个角度来讲，交互学习能够促进企业外部知识的流动和扩散，而创新就是借助知识在流动和扩散中的相互作用来实现的。

从不同主体间的交互式学习看，交互式学习是分层次的，一般可以分成企业层次的正式交互式学习和个人层次的非正式交互式学习，尽管从学习的最终执行者角度来看，最终会落实在个人的学习，但企业层的学习是通过企业的经济关系连接起来的，是各主体之间的技术知识共享和交流，在企业层次上，正式的交流与学习相对较多；而个人层的学习是通过个人的社会关系网络联系起来的，如亲戚、朋友、同学等私人关系，在个人层次上，非正式的交流与学习相对较多。但是这两个层次并非孤立的，而是紧密联系、双向互动的，它们都是为了企业获得新知识、新技能、新技巧，进而提高创新能力（谢洪明等，2006）。

由此，提出假设 H6：企业与外部相关主体的交互式学习对企业创新能力的提高有显著影响。

根据前述哈堪森（1989）以及库克（Cooke，2002）的研究，企业在创新过程中的交互式学习是由与相关企业的垂直联系和水平联系、与大学和科研机构的知识联系、与科技服务机构的联系构成的。基于此，本研究将交互式学习分为与客户和供应商的纵向交互式学习（企业间纵向交互式学习）、与竞争对手和有合作关系的相关行业企业的横向交互式学习（企业间横向交互式学习）、与大学和科研院所等知识生产机构的交互式学习以及与科技服务机构的交互式学习。下面将分析这四类交互式学习与企业创新能力的关系是怎样的。

企业与上下游企业之间的共享学习。客户是企业提供产品和服务的最终接受者，在创新过程中，企业始终非常重视与客户之间的交互式学习，它是企业实现创新的一个重要途径。一方面，企业要通过各种渠道了解客户的需求，时刻了解和掌握客户需求的变动，并提出相对应的产品或服务改进与创新对策，这是一个企业向客户的学习过程；另一方面，企业为了培育和引导客户的需求，提高产品的市场投放成功率和市场占有率，需要开展投放广告和实施其他一些推介活动，使客户愿意和容易接受其产品和服务，这是一个企业教育和引导消费者的过程，是客户向企业学习的过程。企业通过与客户的交互式学习，获取对产品创新有价值的信息和知识，从而推动了自身创新能力的提升。

供应商同样是重要的学习伙伴。一方面，它们是企业创新信息的重要来源，另一方面，供应商直接参与企业的新产品开发或试制活动，企业与供应商的互动式交流带来了许多技术资源和设备资源，从而推动企业的产品创新与工艺创新。

因此，假设 H6a：企业间纵向交互式学习性对企业创新能力有显著的正向影响。

企业与竞争者之间的模仿竞争学习或追随竞争学习以及与相关企业的合作关系实质上也是一种交互式学习过程，主要的方式包括分析竞争对手的产品、分析竞争对手所采用的技术、分析竞争对手的专利情况、与相关企业开展合作、聘用竞争对手的离职员工来获取技术知识、与其他企业员工开展非正式交流等形式获取新的知识等，从而提高企业的创新能力。

因此，假设 H6b：企业间横向交互式学习对企业创新能力有显著的正向影响。

知识生产机构在提升企业创新绩效进程中也扮演着不可或缺的角色，表现在：一是它们为企业创新提供基础知识、应用知识或技术，它们的研发成果提高了基础知识资源存量，为企业提供了创造新技术的机会；二是知识生产机构培养了大量的科学家、工程师和技术人员，这些人员流入企业，成为企业研发部门的主力军，为企业获取技术创新资源提供了渠道。因此，企业不断优化自身知识资源的配置，需要知识生产机构的技术支撑，需要和它们保持畅通的沟通渠道，与此同时，企业反过来又为知识生产机构的技术产业化提供载体，两者相互依托，合作开发项目，可以使许多科学知识寻求到潜在的产业应用方面更优的配置。

因此，假设 H6c：企业与大学和科研院所等知识生产机构的交互式学习对企业创新能力有显著的正向影响。

科技服务机构为客户提供服务的过程是一个双向互动学习过程，它提供的服务在内容和质量上很大程度是由提供服务的科技服务机构和作为客户的企业之间的互动过程和联系方式决定的（Muller & Doloreux，2009）。科技服务机构开始主要被认为是进行单向的转移专业信息活动，后来被认为它不仅是知识的提供者，更是知识的合作生产者。服务机构与企业互动创新过程是一个双边交互作用的过程，在此过程中双方增长了知识，熟练了新知识的使用，进一步促进了企业创新能力（Gadrey & Gallouj，1998）。马勒和森克尔（Muller & Zenker，2001）通过实证分析表明，创新活动通过知识生产与扩散把科技服务机构和企业联系在一起，由于科技服务机构的大量服务活动都与企业活动有关，在知识创造及转移方面可能会对企业创新达到杠杆效果。科技服务业不仅发送知识，而且在知识整合方面发挥着重要作用。伦德维尔等（2002）指出，科技服务机构与企业通过互动合作，促进了知识的编码化、知识体系的多样化以及双方吸收能力的提高和新知识的创造，扩展了各自的知识基础，从而更加有利于它们各自创新能力的提升。另外，科技服务机构中的中介机构也促进了企业和研究机构之间的互联，中介机构作为服务机构，与企业联系紧密，对于很多企业来说，中介机构不仅参与它们的技术选择决策制定，为其提供创新所需的信息和技术，而且还可以通过制定行业公约等方法维护区域内的创新环境，制止区域内的无序竞争，对其创新活动起到协调作用。因此，企业与中介机构之间始终保持着合作的伙伴关系，相互学习，推动企业技术创新能力的提升。

因此，假设 H6d：企业与科技服务机构之间的交互式学习对企业创新能力有显著的正向影响。

4.2.5 交互领导力的调节作用

企业在与外部相关主体进行交互时，企业的领导力如何，将影响企业对交互对象的引导、控制和协调，从而影响企业通过交互行为获取外部知识的效果，进而对企业创新能力产生一定的影响。企业的交互领导力强，可以直接通过网络规则，或者通过非正式契约来协调网络中各个成员在交互过程中的行为，使它们朝着有利于良好交互效果的方向行动，基于企业领导力的控制行为，为企业构建了一套增强价值创造能力和实现经济目标的有效规则（Tsai & Ghoshal，1998）。同时，通过交互领导力的作用，企业不断建立新的网络联结，并提高自身的知识获取能力，由此产生更多的创新性知识

(Tsai, 2001)。

皮达维等（Pittaway et al. ，2004）指出，由于核心企业的领导力强，它是在创新网络中吸收和创造知识最快的企业。核心企业依靠其强大的知识资源及能力，将相关外部主体连接在其周围，通过与它们发生频繁的知识与信息的交换，促进了知识与信息流动，从而获取了企业外部更多的有价值的知识。由此可见，企业领导力对企业交互行为产生了一定的影响，进而使企业交互行为对企业的创新能力作用有所不同。

因此，提出假设 H7：企业的交互领导力越强，越有利于企业交互行为对企业创新能力的正向影响作用。

假设 H7a：企业交互领导力越强，参与创新对企业创新能力的作用越大。

假设 H7b：企业交互领导力越强，交互性学习对企业创新能力的作用越大。

4.3 研究假设汇总

为了清楚展现研究假设，研究者将前面所有假设进行了归纳，如表 4-1 所示。

表 4-1 研究假设汇总

编号	假设
H1	企业交互意愿越强烈，越有助于提高企业创新能力
H2	企业和交互对象的知识匹配性越好，越有助于提高企业创新能力
H3	企业的交互关系数量越多，越有利于企业创新能力的提高
H4	企业与外部相关主体的关系质量对企业创新能力有显著影响
H4a	企业与交互对象的信任度越高，越有利于企业创新能力的提高
H4b	企业与交互对象的合作经验越丰富，越有利于企业创新能力的提高
H4c	企业对交互对象的依赖程度越高，越不利于企业创新能力的提高

续表

编号	假设
H5	企业与外部相关主体的创新参与对企业创新能力的提高有显著影响
H5a	外部相关主体参与创新的时机越早，越有利于企业创新能力的提高
H5b	外部相关主体参与创新的程度越深，越有利于企业创新能力的提高
H6	企业与外部相关主体的交互式学习对企业创新能力的提高有显著影响
H6a	企业间纵向交互式学习对企业创新能力有显著的正向影响
H6b	企业间横向交互式学习对企业创新能力有显著的正向影响
H6c	企业与大学和科研院所等知识生产机构的交互式学习对企业创新能力有显著正向影响
H6d	企业与科技服务机构之间的交互式学习对企业创新能力有显著的正向影响
H7	企业的交互领导力越强，越有利于企业交互行为对企业创新能力的正向影响作用
H7a	企业交互领导力越强，创新参与对企业创新能力的作用越大
H7b	企业交互领导力越强，交互式学习对企业创新能力的作用越大

4.4 本章小结

本章是构建理论模型的关键部分，分别就企业交互性对创新能力作用机制基本概念模型建立和相关假设的设计做了细致的工作。首先根据第 2 章和第 3 章研究基础，建立了理论概念模型，形成了“企业交互性—企业创新能力”的理论结构，接着根据已有的相关研究对它们之间的关系做了细致的阐述，然后分别设立了企业交互性的各维度，包括交互意愿、交互基础（知识匹配度）、交互关系（关系数量、关系质量）和交互行为（创新参与、交互式学习）对企业创新能力影响的假设。最后，将以上提出的假设进行了汇总。

第 5 章

初始问卷设计和修正

本研究涉及的交互性有关变量不能够进行直接测量，需要设计相应量表开展间接测量。初始量表的形成为问卷的内容设计做好最基本的准备，但是初始量表必须经过修改和纯化，才能形成合格的量表。

5.1　问卷设计步骤

本研究是通过问卷调查的方式获得所需的数据。问卷设计的合理性是获取真实、可靠的数据的必要条件，为了保证问卷设计的合理性，本研究主要借鉴了邓恩等（1994）、德维利斯（DeVellis，2011）以及国内学者的彭新敏（2009）、陈琦（2010）等所采用的方法，对问卷题项的形成具有较好的指导意义。本研究的问卷设计的题项形成步骤如图 5-1 所示。

5.1.1　明确所要测量的构念

努尼利和伯恩斯坦（Nunnaly & Bernstein，1994）认为，构念是一种变量，“它是抽象的、潜在的，而不是具体的、可观察的”。但是，构念应该是清晰的、有明确定义的（陈晓萍等，2008）。首先，通过文献研究，明确问题所涉及的变量以及变量之间的关系，并对变量的测量提供理论指导。

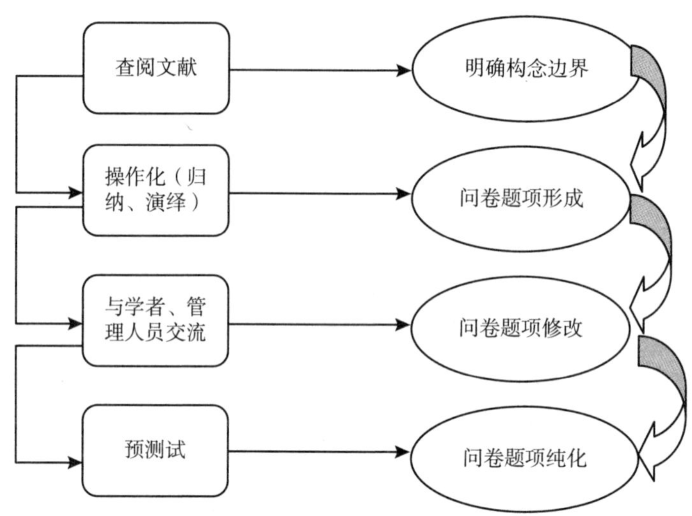

图 5-1　问卷设计步骤

其次，通过对企业的访谈进一步明晰如何以合适的方式测量这些变量。具体而言，研究中主要涉及以下变量：交互意愿、知识匹配度、交互关系数量、相互信任程度、合作经验、依赖程度创新参与时机、创新参与程度、企业间纵向交互式学习、企业间横向交互性学习、企业与知识生产机构交互式学习、企业与科技服务机构的交互式学习和企业创新能力。在对相关的理论进行综述的基础上，以这些变量为基础确定了问卷所要包括的内容。

5.1.2　问卷题项的形成

在确定构念的边界后，就可以在此基础上对其进行操作化了。一般而言，可以遵循两种不同的取向发展问卷题项，即归纳法和演绎法。在归纳法中，因为研究者对相关概念所需要的关键指标和内部结构了解甚少，所以需要通过定性方法去了解测验的内容，结合现有文献发展问卷题项。而基于演绎法的题项开发模式，是研究者通过文献回顾就可以确认理论构念涵盖的范围，通过自己对概念的理解发展或改编现有量表就可以实现对构念的操作化（Hinkin，1998）。无论通过哪种方法，都是要发展出足够的测验项目，使得它们足以涵盖构念的理论边界。克拉克和沃森（Clark & Watson，1995）指出，在发展测验项目时应遵循两条基本原则：一是测验项目应该比目标构念包含更广；二是测验项目应该包含一些最后被证明是无关紧要的，或者甚至与目标构念不相关的题项。因此，本研究在对企业交互性和企业创新能力相关文献进行总结和分析的基础上，借鉴其中具有一定代表性且被广泛引用的量表，并以此为基础进行题项的设计。而且，在题项设计的开始，应该尽可能地将已有的相关题项纳入量表中，并形成一个包含较多题项的题项库。同时，结合本研究所处的中国情境的语言特点和被试者的情况对题项的表达进行适当的本土化处理。

5.1.3 问卷题项的修改

根据前述得到的题项库，在与同一研究方向的学术专家就本题项库中的题项与变量之间的对应关系进行讨论后，根据他们提出的建议，将明显不合理的题项剔除。同时，还与多位企业界相关领域的专家就本问卷题项的设计进行沟通，尽可能地减少题项的学术术语，以降低问卷发放时出现调查对象难以理解题项意思的情况。经过学术界专家和企业界专家的两轮修改，笔者得到了问卷的初稿。

5.1.4 问卷题项的纯化

对前面得到的问卷初稿进行小范围的预测试，对回收的小批量问卷进行初步检验分析，以此对问卷进行进一步的纯化，从而形成问卷的最终稿。

5.2 变量测量问卷设计

问卷采用李克特5级量表，请企业管理人员根据实际情况填写。其中，“1”表示非常不同意，“2”表示不同意，“3”表示没意见，“4”表示同意，“5”表示非常同意。由于本问卷主要是由主观性较强的题项构成，因而被调查者的不同背景和状态会影响测量的准确性和可靠性，可能导致这类应答偏差的原因归为四类：被调查者可能无法理解问题；被调查者可能不清楚问题的答案；被调查者可能无法想起答案的相关信息；被调查者知道答案，但可能不愿意回答。针对这四类问题，本研究参照了彭新敏（2009）、陈琦（2010）等学者的做法，从被试的选择、题项设计、问卷的设计等方面着手采取相应的措施以减少应答偏差。首先，为了降低第一类应答偏差，本研究在开发问卷题项时就与企业界有关管理人员充分交流，尽量使题项的内容更加贴近现实，更加容易理解；其次，为了降低第二类应答偏差，将问卷的填写者限定为在企业工作不低于1年的员工；再次，为了降低第三类应答偏差，在问卷的题项开发时，尽量保证题项的内容有一定的宽度，以适应不同的应答者回答；最后，为了降低第四类应答偏差，本问卷在首页告知被调查者该研究的目的，并承诺本调查所获得的数据仅用于学术研究，另外，为激励被调查者的填写意愿，发放纸质问卷时，给每个被调查者准备了一份小礼物，而在电子邮件发放时则奖励论坛币和附赠了精选的既有趣又实用的管理学方面的小文章、操作手册等电子版资料。

5.2.1 被解释变量——企业创新能力的测量

本研究的被解释变量（dependent variable）企业创新能力是指企业搜索、识别和获取外部新知识或已有知识的新组合，并产生新的应用和创造新的市场价值的能力。目前对于企业创新能力的测量还没有形成公认的一致的指标体系，研究者往往按照自己研究的需要来选取指标测量创新能力。

从已有的研究来看，很多对企业创新能力的度量主要针对的是企业技术创新能力。傅家骥（1998）认为企业技术创新能力的测量指标应从研发能力、营销能力、生产能力和资源能力四个方面考虑；也有从创新投入、创新产出、创新实施和创新管理四个维度衡量，细化为学习能力、生产能力、营销能力、资源配置能力、组织创新能力以及战略计划等能力来测量（王树平，2006；韦影，2007；尹晓波，2005）。宋志红（2006）认为要想使企业创新能力具有可操作性，必须采用与竞争优势类似的处理方法，即与同行对比下体现出不同的创新能力，按照熊彼特对创新的最初定义，将企业创新能力测量指标设置为五项，分别为："与竞争对手相比，我公司能够更快地推出现产品（或服务）；与竞争对手相比，我公司能更快地开辟新市场；与竞争对手相比，我公司能够抢先进入新市场；我公司能够打破竞争对手的垄断地位；竞争对手相比，我公司的研发投入力度更大。"在遵循可操作和可比性原则的基础上，段晓红（2010）借鉴了傅家骥（1998）、魏江和许庆瑞（1995）对创新能力的测量研究，对企业创新能力采用六个指标进行测量，分别为："与竞争对手相比，技术人员投入比例更大；与竞争对手相比，研发投入比例更大；与竞争对手相比，非研发投入比例更大；与竞争对手相比，申请专利数/每年的数量更多；与竞争对手相比，新产品平均开发周期更短；与竞争对手相比，新产品上市速度。"

由此，本研究借鉴魏江和许庆瑞（1995）、宋志红（2006）、段晓红（2010）等对产品创新绩效测量量表，并根据本研究的调查对象作了一定的修改，作为本研究对企业创新能力的测量初始量表，如表5－1所示。

表5－1　企业创新能力初始量表

研究变量	操作性定义	代码	题项	题项文献来源
企业创新能力	企业搜索、识别和获取外部新知识或已有知识的新组合，并产生新的应用和创造新的市场价值的能力	IC1	与竞争对手相比，推出新产品（新服务）速度更快	宋志红（2006）；段晓红（2010）
		IC2	与竞争对手相比，能够抢先进入新市场	宋志红（2006）
		IC3	与竞争对手相比，研发投入力度更大	宋志红（2006）；魏江和许庆瑞（1995）
		IC4	与竞争对手相比，技术人员投入更多	段晓红（2010）；魏江和许庆瑞（1995）
		IC5	与竞争对手相比，非研发投入力度更大	段晓红（2010）；魏江和许庆瑞（1995）

变量测量采用李克特5点制量表，具体测项用符合程度来代表分值，"1"表示非常不同意，"2"表示不同意，"3"表示没意见，"4"表示同意，"5"表示非常同意

5.2.2 解释变量——企业交互性测量

本书研究的企业交互性共涉及四个方面（交互动机、交互基础、交互关系、交互行为）12 个解释变量（independent variable）：交互意愿、知识匹配度、交互关系数量、互相信任、合作经验、依赖程度、参与时机、参与程度、企业间纵向交互式学习、企业间横向交互式学习、企业与知识生产机构之间交互式学习和企业与科技服务机构之间交互式学习。

（1）交互意愿测量

由 3.2.1 对交互动机的分析可知，交互意愿是企业通过与外部相关主体进行交互并获取外部知识的意愿程度。企业是否愿意与外部不同主体进行交流与合作，反映了企业的交互意愿。根据哈堪森（1989）的研究，企业被看作是创新主体的核心，那么企业的交互对象主要包括与企业有纵向关系的客户、供应商；与企业有横向关系的竞争对手、相关行业有合作企业；大学和科研院所等知识生产机构；科技服务机构等。朱亚丽等（2011）采取从企业投入的人力、设备、资金以及时间四个方面对其创新意愿进行测量，具有较好的直观性和客观性。

本研究借鉴创新意愿的测量，并从不同交互对象的视角对交互意愿进行测量，形成初始量表，如表 5－2 所示。

表 5－2　　企业交互意愿初始量表

研究变量	操作性定义	代码	题项	题项文献来源
企业交互意愿	企业与外部相关主体进行交互并获取外部知识的意愿程度	IW1	愿意付出努力和客户进行互动交流去获取有用信息	哈坎森（1989）；朱亚丽等（2011）
		IW2	总是主动和供应商进行互动交流去获取有用信息	哈坎森（1989）；朱亚丽等（2011）
		IW3	愿意付出努力和竞争者进行互动交流去获取有用信息	哈坎森（1989）；朱亚丽等（2011）
		IW4	愿意付出努力和相关行业的合作者进行互动交流去获取有用信息	哈坎森（1989）；朱亚丽等（2011）

续表

研究变量	操作性定义	代码	题项	题项文献来源
企业交互意愿	企业与外部相关主体进行交互并获取外部知识的意愿程度	IW5	愿意付出努力和大学、科研机构进行互动交流去获取有用信息	哈坎森（1989）；朱亚丽等（2011）
		IW6	愿意付出努力和科技服务机构进行互动交流去获取有用信息	哈坎森（1989）；朱亚丽等（2011）
变量测量采用李克特 5 点制量表，具体测项用符合程度来代表分值，“1”表示非常不同意，“2”表示不同意，“3”表示没意见，“4”表示同意，“5”表示非常同意				

（2）知识匹配度测量

由 3.2.2 可知，知识匹配度是企业在与外部相关主体在知识异质性和同质性之间的平衡水平。对知识匹配度的评价，一般都会考虑知识互补程度和兼容程度两个基本方面（Brouthers et al.，1995；纪慧生等，2011；彭展声，2007）；郁培丽和李明玉（2005）从企业现有知识和交互对象之间的知识规模差异和知识相关程度来衡量双方的知识匹配度。本研究借鉴以上对知识匹配度的评价，并作适当修改，作为知识匹配度的初始量表，如表 5－3 所示。

表 5－3　知识匹配度初始量表

研究变量	操作性定义	代码	题项	题项文献来源
知识匹配度	企业在和外部相关主体在知识异质性和同质性之间的平衡水平	KM1	企业更多是和知识互补性更强的企业或机构进行交流与合作	纪慧生等（2011）；郁培丽和李明玉（2005）
		KM2	企业更多是和知识兼容性更好的企业或机构进行交流与合作	纪慧生等（2011）；布劳德斯等（1995）
		IW3	企业更多是和知识相关性更大的企业或机构进行交流与合作	郁培丽和李明玉（2005）
变量测量采用李克特 5 点制量表，具体测项用符合程度来代表分值，“1”表示非常不同意，“2”表示不同意，“3”表示没意见，“4”表示同意，“5”表示非常同意				

（3）交互关系数量测量

由3.2.3可知，交互关系数量是指企业与其他企业或机构之间交互关系数量总和，也可以认为是企业交互对象的数量多少。这里只关注直接关系。哈里略（Jarillo，2006）用向提供不同资源的关系总数来表征关系数量；赵和阿拉姆（Zhao & Aram，1995）采用企业家个人关系数量来测度企业同外界不同主体关系的数量；巴杰格尔（Batjargal，2003）用直接与企业联系的本地企业数目来测度关系数量。王晓娟（2007）通过与企业进行知识交流的供应商、客户以及同行竞争者的总数来测度关系数量，具体测度题项有："与本企业进行知识交流的主要本地供应商的数量""与本企业进行知识交流的主要本地客户的数量""与本企业进行知识交流的主要本地同行竞争者的数量"，而且设定三类数量之和分布在7个区间，即［1，3］、［4，7］、［8，12］、［13，20］、［21，30］、［31，40］、［41以上］，分别赋值1～7。而陈学光（2007）用过去两年内新产品开发过程中的企业主要创新伙伴数量来测度关系数量，其中合作伙伴分为供应商、客户、同行、科研院校、政府部门、金融机构、行业协会、中介机构八类，也采取不同的数量区间进行测量。

参考哈堪森（1989）的研究，企业被看作是创新各主体的核心，那么与外界产生交互关系的，主要包括和企业之间是纵向关系的客户、供应商；与企业之间是横向关系的竞争对手、相关行业合作者；大学和科研院所等知识生产机构；科技服务机构等四类。因此，本研究将对客户、供应商、竞争对手、相关行业合作者、大学和科研院所、科技服务机构6个不同主体的数量进行测量，以它们的平均数来代表交互关系数量，当然这里也是采用区间测量的方式。对每个不同主体的测量，采用5个区间，即［1，5］、［6，10］、［11，15］、［16，20］、［21以上］，并且分别赋值1～5。

由此，本研究借鉴了巴杰格尔（2003）、王晓娟（2007）、陈学光（2007）的测量方法，并作适当的修改，作为交互关系数量的初始量表，如表5-4所示。

表 5 - 4　　交互关系数量初始量表

研究变量	操作性定义	代码	题项	题项文献来源
交互关系数量	企业与其他企业或机构之间交互关系数量总和	RN1	在创新过程中，与企业直接互动交流的客户数量	巴杰格尔（2003）；王晓娟（2007）；陈学光（2007）
		RN2	在创新过程中，与企业直接互动交流的供应商数量	巴杰格尔（2003）；王晓娟（2007）；陈学光（2007）
		RN3	在创新过程中，与企业直接互动交流的竞争者数量	巴杰格尔（2003）；王晓娟（2007）；陈学光（2007）
		RN4	在创新过程中，与企业直接进行交流合作的相关行业的合作者数量	巴杰格尔（2003）；陈学光（2007）
		RN5	在创新过程中，与企业直接互动交流的大学与科研机构数量	巴杰格尔（2003）；陈学光（2007）
		RN6	在创新过程中，与企业直接互动交流的科技服务机构数量	巴杰格尔（2003）；陈学光（2007）
变量测量采用李克特 5 点制量表，具体测项用不同的区间数量表示，“1”表示［1，5］，“2”表示［6，10］，“3”表示［11，15］，“4”表示［16，20］，“5”表示［21 以上］				

（4）交互关系质量测量

交互关系质量测量主要包括相互信任程度、双方的合作经验、企业对外部主体的依赖程度三个变量。

①相互信任程度的测量

由 3.2.3 可知，相互信任是指企业对其合作客户或者供应商等成员的共有信任倾向程度。卡明斯和布罗米莱（Cummings & Bromiley，1996）把相互信任分为信守承诺、公平协商和不过度相互利用三个维度，开发了相互信任量表，最后得出 121 个问题来测量组织间相互信任。麦克维利和马库斯（2005）在此基础上提炼出了 3 个题项来测度组织间信任：“合作企业能与本企业进行的平等协商、谈判；合作企业没有误导本企业的行为；合作业能信守承诺”。查希尔等（Zaheer et al.，1998）对相互信任的测量使用 5 个题项：“合作企业在与本企业的商谈中是公平无私的；合作企业不利用机会主义从本企业获利；基于合作经验，本企业可以完全相信合作企业会信守承诺；当具体细节不明了时，本企业也不会犹豫与合作企业进行交易；合作企业值得信赖”。许冠南（2008）借鉴以上国外学者的成果，采用4个题项测量组织间相互信任程度，分别为：“合作企业与本企业在商谈时能做到实事求是；合作企业与本企业都能信守承诺；合作企业没有误导本企业的行为；合作企业不会利用本企业的弱点来获取不当收益”。

本研究借鉴了麦克维利和马库斯（2005）、查希尔等（1998）、许冠南（2008）等学者的研究成果并适当做了修改，形成对相互信任程度测量的初始量表，如表5-5所示。

表5-5　　相互信任程度初始量表

研究变量	操作性定义	代码	题项	题项文献来源
相互信任程度	相互信任是指企业对其合作客户或者供应商等成员的共有信任倾向程度	IB1	在创新过程中，企业与创新伙伴都能够做到信守承诺	麦克维利和马库斯（2005）；查希尔等（1998）；许冠南（2008）
		IB2	在创新过程中，企业与创新伙伴在互动交流中能够做到实事求是	查希尔等（1998）；许冠南（2008）
		IB3	在创新过程中，企业和创新伙伴都不会利用机会主义从对方获利	查希尔等（1998）；许冠南（2008）
		IB4	在创新过程中，企业和创新伙伴都没有误导对方的行为	麦克维利和马库斯（2005）；许冠南（2008）
变量测量采用李克特5点制量表，具体测项用符合程度来代表分值，“1”表示非常不同意，“2”表示不同意，“3”表示没意见，“4”表示同意，“5”表示非常同意				

②合作经验的测量

由3.2.3可知，企业的合作经验是指企业与交互对象之间的合作时间以及合作项目的绩效。伊利·南柯等（Yli-Renko et al.，2002）对合作经验的度量，从“双方合作的时间比较长”“双方合作的次数比较多”两个方面进行测量。卡明斯和滕（Cummings & Teng，2003）采用“双方保持有比较长的合作关系”和“双方曾经有合作成功项目”两个题项进行测量。李随成等（2009）对合作经验的测量，借鉴了上述两个学者的测量，并适当修改，以“双方存在长期合作关系”“双方之间进行过多次类似的合作项目”

“双方对以往的合作十分满意”三个题项进行测量。

本研究借鉴以上学者的研究成果，并作适当修改，形成合作经验的初始测量量表，如表5-6所示。

表5-6　　合作经验初始量表

研究变量	操作性定义	代码	题项	题项文献来源
合作经验	指企业与交互对象之间的合作时间以及合作项目的绩效	CE1	企业和创新伙伴有过比较长的合作关系	伊利·南柯等（2002）；卡明斯和滕（2003）；李随成等（2009）
		CE2	企业和创新伙伴之间有过成功的合作项目	卡明斯和滕（2003）；李随成等（2009）
		CE3	企业和创新伙伴对曾经的合作非常满意	李随成等（2009）
变量测量采用李克特5点制量表，具体测项用符合程度来代表分值，“1”表示非常不同意，“2”表示不同意，“3”表示没意见，“4”表示同意，“5”表示非常同意				

③企业对交互对象依赖程度的测量

由3.2.3可知，企业对交互对象的依赖程度是指在创新过程中依靠其他企业或机构的程度。相互依赖程度的表现形式多种多样，对它理想的测量是从多层面加以概括（Zhao，2006）。一是从战略层面，例如，波特（Porter，1996）利用案例研究分析了西南航空公司和其他公司之间在战略和战术选择的相互依赖程度；二是生产技术层面，例如，伊克尼沃斯基等（Ichniowski et al.，1997）举例分析了钢铁生产线中企业间的相互作用来验证相互依赖程度；三是具体到产品和生产过程层面，例如，亨德森和克拉克（Henderson & Clark，1990）指出相互依赖程度是产品工艺内在属性。不管从哪个层面衡量相互依赖程度，都要遵循这两个基本前提：一是相互依赖程度是行业层面的特性；二是真正的相互依赖程度对于行业参与者来说并非显而易见，而是表现为难以模仿和优化（Lenox et al.，2010）。在较早的文献中，霍里奇和蒂他特（Horwitch & Thietart，1987）分析了相互依赖程度对产品研发和企业绩效的影响，其中对自变量相互依赖程度的测量做了较详细的阐述，他认为相互依赖程度包括两个维度三种类型：一是水平相互依赖（horizontal interdependency)；二是垂直相互依赖（vertical interdependency）。水平相互依赖性包括生产相互依赖（production interdependency）和市场营销相互依赖（marketing interdependency），而且都给出了替代变量进行测量，生产相互依赖用“共用设备”（shared facilities）测量；市场营销相互依赖用“共用市场营销”（share marketing）测量；垂直相互依赖性用“垂直一体化”（vertical integration）测量。勒斯克和布朗（Lusch & Brown，1996）研究批发商和供应商间相互依赖对市场营销渠道的影响时，分别从两者对对方的依赖性进行测量，分别采用类似的三个题项，以供应商为例，分别是“我们的批发商经营上依赖我们、我们的主要批发商很难找到我们的替代者、我们的主要批发商发现失去我们将会付出很大成本”，一致性系数都在0.8以上。吴家喜和吴贵生（2009）开展实证研究组织间关系、外部组织整合与新产品开发绩效之间的关系时，采用了技术依赖和绩效依赖两个维度。尼德加塞尔莱克（Niedergassel & Leker，2011）在研究相互依赖对企业和学术机构合作研发的影响中，对相互依赖的测量借鉴了Van de Ven & Chu（1989）的量表，采用两个题项，分别是“为了完成我们的目标，我们非常地依赖我们的合作伙伴、我们的合作伙伴也非常地依赖我们去完成他们的目标”，这两个题项反映了成员之间的相互作用。

本研究借鉴以上学者的研究，并作适当修改，形成企业对交互对象依赖程度的初始测量量表，如表5－7所示。

表5－7　　依赖程度初始量表

研究变量	操作性定义	代码	题项	题项文献来源
依赖程度	在创新过程中依靠其他企业或机构的程度	ID1	企业在产品开发上依赖其他企业或机构	吴家喜和吴贵生（2009）
		ID2	在创新过程中，企业在某些技术环节上依赖其他企业或机构	勒斯克和布朗（1996）；吴家喜和吴贵生（2009）
		ID3	企业要取得好的创新绩效，离不开其他企业或机构	尼德加塞尔和莱克（2011）

变量测量采用李克特5点制量表，具体测项用符合程度来代表分值，“1”表示非常不同意，“2”表示不同意，“3”表示没意见，“4”表示同意，“5”表示非常同意

（5）创新参与的测量

创新参与的测量主要包括参与时机和参与程度两个变量的测量。

①创新参与时机的测量

由3.2.4可知，创新参与时机是指外部相关主体参与到企业创新过程中的时间段。瓦斯蒂和莱克（Wasti & Liker，1999）对创新参与时机的测量采用"外部相关主体总是较早地参与到企业产品开发过程中"；克拉克（1985）采用参与到创新不同阶段的情况来进行测量，用3个题项进行测量，分别为："外部相关主体在产品构思及概念形成阶段就参与新产品开发过程""外部相关主体在产品工艺设计阶段参与新产品开发过程""外部相关主体在产品原型试制及测试阶段参与新产品开发过程"。

本研究借鉴以上学者的研究，并作适当修改，形成企业对创新参与时机的初始测量量表，如表5－8所示。

表5－8　　创新参与时机初始量表

研究变量	操作性定义	代码	题项	题项文献来源
创新参与时机	外部相关主体参与到企业创新过程中的时间段	PO1	其他企业或机构总是较早地参与到企业产品开发过程中	瓦斯蒂和莱克（1999）
		PO2	其他企业或机构总是在产品构思及概念形成阶段就参与到新产品开发过程	克拉克（1985）
		PO3	其他企业或机构在产品工艺设计阶段参与到新产品开发过程	克拉克（1985）
		PO4	其他企业或机构在产品原型试制及测试阶段参与到新产品开发过程	克拉克（1985）

变量测量采用李克特5点制量表，具体测项用符合程度来代表分值，"1"表示非常不同意，"2"表示不同意，"3"表示没意见，"4"表示同意，"5"表示非常同意

②创新参与程度的测量

由3.2.4可知，创新参与程度是指企业在创新过程中，外部主体投入的

时间、精力和资源的程度。李随成和姜银浩（2011）实证研究供应商参与新产品开发与企业自主创新能力之间的关系机理时，对参与程度采用4个题项进行了测量，分别为：“供应商按要求独立完成零部件的设计工作”“贵公司仅就相关问题向供应商进行非正式的咨询”“供应商在参与新产品开发过程提出的建议十分重要”“贵公司和供应商共同决定新产品开发的关键问题”。贾丽娜（2007）在对用户参与的企业交互式创新项目绩效影响因素研究中，对用户参与度的测量从产品创新的不同阶段分类，采用3个题项来测量，分别为“用户需求分析阶段，我们与用户进行了深入的交流”“用户分析和设计阶段，我们与用户深入的交流”“产品或服务开发阶段，我们与用户深入的交流”。梅厄斯等（Meeus et al.，2001）在对高技术行业的交互创新的研究中，对创新参与程度的测量，采用3个题项直接测量，分别为：“我们企业鼓励用户提出创新方法和办法”“我们企业鼓励用户参与到产品设计过程”“我们企业制定相应机制鼓励用户参与到新产品的价值创造过程”。

本研究借鉴以上研究成果，并作适当修改，形成了企业对创新参与时机的初始测量量表，如表5－9所示。

表5－9　　创新参与程度初始量表

研究变量	操作性定义	代码	题项	题项文献来源
创新参与程度	企业在创新过程中，外部主体投入的时间、精力和资源的程度	PD1	企业总是积极采取各种措施促使外部相关主体参与到企业的产品创新过程中	梅厄斯等（2001）；贾丽娜（2007）
		PD2	其他企业或机构经常参与到企业创新过程的各个阶段	贾丽娜（2007）
		PD3	其他企业或机构投入了大量时间、精力与资源和企业共同完成企业产品创新	梅厄斯等（2001）；李随成和姜银浩（2011）
变量测量采用李克特5点制量表，具体测项用符合程度来代表分值，“1”表示非常不同意，“2”表示不同意，“3”表示没意见，“4”表示同意，“5”表示非常同意				

(6) 交互式学习的测量

交互式学习主要包括企业间纵向交互式学习、企业间横向交互性学习、企业与知识生产机构以及科技服务机构的交互式学习4个变量的测量。

①企业间纵向交互式学习

由3.2.4可知，企业间纵向交互式学习主要包括企业与客户和供应商之间的交互式学习。梅厄斯等（2001）、梅厄斯和奥勒曼（Meeus & Oerlemans，2005）从交互学习的不同层面分，把交互式学习分为同客户的交互学习和同供应商的交互学习，同客户的交互学习的测量包括4个题项，分别为："客户是否经常为企业的创新过程带来新主意或参与其中""企业和客户接触的频率如何""企业是否经常传递知识和信息给他们的客户""企业是否经常评价和客户关系的水平如何"。同供应商的交互学习的测量也包括4个题项："供应商是否经常为企业的创新过程带来新主意或参与其中""企业和供应商接触的频率如何""企业是否经常传递知识和信息给他们的供应商""企业是否经常评价和供应商关系的水平如何。"阿什海姆和库克（Asheim & Cooke，1999）对企业间纵向交互式学习的测量采用了8个题项进行测量，分别为："获得客户需求信息""分析利用客户的信息反馈""与客户建立良好的非正式关系""与供应商开展技术方面的合作""与供应商建立良好的非正式关系""快速获得供应商提供的新型设备""快速获得供应商提供的新的物料供应""供应商帮助企业快速适应新的物料供应和新型设备"。

本研究借鉴以上研究成果，并作适当修改，形成了企业间纵向交互式学习的初始测量量表，如表5-10所示。

表5-10　企业间纵向交互式学习初始量表

研究变量	操作性定义	代码	题项	题项文献来源
企业间纵向交互式学习	企业与客户和供应商之间的交互式学习	VL1	在创新过程中，分析识别客户的需求	阿什海姆和库克（1999）；梅厄斯和奥勒曼（2005）
		VL2	在创新过程中，重视客户的信息反馈	阿什海姆和库克（1999）
		VL3	在创新过程中，与客户建立良好的非正式关系	阿什海姆和库克（1999）

续表

研究变量	操作性定义	代码	题项	题项文献来源
企业间纵向交互式学习	企业与客户和供应商之间的交互式学习	VL4	在创新过程中，与供应商开展技术方面的合作	阿什海姆和库克（1999）；梅厄斯和奥勒曼（2005）
		VL5	在创新过程中，供应商提供并帮助企业快速适应新的物料供应和新型设备	阿什海姆和库克（1999）
		VL6	在创新过程中，与供应商建立良好的非正式关系	阿什海姆和库克（1999）；梅厄斯和奥勒曼（2005）
变量测量采用李克特5点制量表，具体测项用符合程度来代表分值，“1”表示非常不同意，“2”表示不同意，“3”表示没意见，“4”表示同意，“5”表示非常同意				

②企业间横向交互式学习

由3.2.4可知，企业间横向交互式学习主要包括企业与竞争对手及有合作关系的相关行业企业间的学习。薛捷（2010）借鉴龙德和豪斯勒（Ronde & Hussler，2005）、科绍茨基等（Koschatzky et al.，2001）等学者的成果对企业间横向交互式采用7个题项进行测量，分别为：“分析竞争对手的产品”“分析竞争对手所采用的技术”“分析竞争对手的专利情况”“与相关企业开展合作”“聘用竞争对手的离职员工来获取技术知识”“与其他企业员工开展非正式交流”“通过购买专利和技术许可等形式获取新的技术”，等等。

本研究借鉴以上研究成果，并作适当修改，形成了企业间横向交互式学习的初始测量量表，如表5-11所示。

表5-11　企业间横向交互式学习初始量表

研究变量	操作性定义	代码	题项	题项文献来源
企业间横向交互式学习	企业与竞争对手和有合作关系的相关行业企业间的学习	SL1	在创新过程中，分析竞争对手的产品来改进自己的产品	龙德和豪斯勒（2005）；科绍茨基等（2001）；薛捷（2010）
		SL2	在创新过程中，分析竞争对手的专利情况	龙德和豪斯勒（2005）；科绍茨基等（2001）；薛捷（2010）

续表

研究变量	操作性定义	代码	题项	题项文献来源
企业间横向交互式学习	企业与竞争对手和有合作关系的相关行业企业间的学习	SL3	在创新过程中，分析竞争对手所采用的技术	龙德和豪斯勒（2005）；科绍茨基等（2001）；薛捷（2010）
		SL4	在创新过程中，聘用竞争对手的离职员工来获取技术知识	科绍茨基等（2001）；薛捷（2010）
		SL5	在创新过程中，企业员工与竞争对手员工之间有非正式交流	龙德和豪斯勒（2005）
		SL6	在创新过程中，企业与相关企业进行合作	科绍茨基等（2001）；薛捷（2010）
		SL7	在创新过程中，企业员工与合作企业员工之间有非正式交流	龙德和豪斯勒（2005）
变量测量采用李克特5点制量表，具体测项用符合程度来代表分值，“1”表示非常不同意，“2”表示不同意，“3”表示没意见，“4”表示同意，“5”表示非常同意				

③企业与知识生产机构间交互式学习

由3.2.4可知，企业与知识生产机构的交互式学习包括企业与大学、科研机构间的交互式学习。龙德和豪斯勒（2005）、徐（2005）对企业与知识生产机构间交互式学习主要从“与知识生产机构进行研发合作”“利用知识生产机构的咨询服务”“与知识生产机构有人员间的非正式联系”“知识生产机构帮助企业开展人员培训”“利用知识生产机构的科研设备和检测仪器”等方面测量。

本研究借鉴以上研究成果，并作适当修改，形成了企业与知识生产机构间交互式学习的初始测量量表，如表5-12所示。

表 5-12　企业与知识生产机构间交互式学习初始量表

研究变量	操作性定义	代码	题项	题项文献来源
企业与知识生产机构间交互式学习	企业与大学、科研机构间的交互式学习	UL1	在创新过程中，大学为企业提供咨询服务	龙德和豪斯勒（2005）；徐（2005）
		UL2	在创新过程中，与大学进行研发合作	龙德和豪斯勒（2005）；徐（2005）
		UL3	在创新过程中，企业与大学有人员间的非正式联系	龙德和豪斯勒（2005）
		UL4	在创新过程中，大学帮助企业开展人员培训	徐（2005）
		UL5	在创新过程中，利用大学的科研设备和检测仪器	龙德和豪斯勒（2005）；徐（2005）
		UL6	在创新过程中，与科研院所进行研发合作	龙德和豪斯勒（2005）；徐（2005）
		UL7	在创新过程中，科研院所为企业提供咨询服务	龙德和豪斯勒（2005）；徐（2005）
		UL8	在创新过程中，企业与科研院所存在人员间的非正式联系	龙德和豪斯勒（2005）
变量测量采用李克特5点制量表，具体测项用符合程度来代表分值，“1”表示非常不同意，“2”表示不同意，“3”表示没意见，“4”表示同意，“5”表示非常同意				

④企业与科技服务机构间交互式学习

由3.2.4可知，企业与科技服务机构间交互式学习是企业与各种科技服务机构交互式学习。穆勒和森克尔（Muller & Zenker，2001）、科绍茨基和斯滕伯格（2000）对企业与科技服务机构间交互式学习的测量主要从“通过培训机构获取知识”“通过咨询机构获取知识”“通过行业协会和商会获取知识”“通过当地的行业技术中心获取知识”“通过当地的生产力促进中心获取知识”“通过投融资机构获取知识”“通过技术交易机构获取知识”等方面进行测量。

本研究借鉴了以上研究成果，并作适当修改，形成了企业与科技服务机构间交互式学习的初始测量量表，如表5-13所示。

表 5-13　　企业与知识生产机构间交互式学习初始量表

研究变量	操作性定义	代码	题项	题项文献来源
企业与科技服务机构间交互式学习	企业与各种科技服务机构交互式学习	HL1	在创新过程中，通过与培训机构互动交流去获取知识	穆勒和森克尔（2001）；科绍茨基和斯滕伯格（2000）
		HL2	在创新过程中，通过与咨询机构互动交流去获取知识	科绍茨基和斯滕伯格（2000）
		HL3	在创新过程中，通过与行业协会和商会互动交流去获取知识	穆勒和森克尔（2001）；科绍茨基和斯滕伯格（2000）
		HL4	在创新过程中，通过与当地的行业技术中心互动交流去获取知识	穆勒和森克尔（2001）；科绍茨基和斯滕伯格（2000）
		HL5	在创新过程中，通过与投融资机构互动交流去获取知识	科绍茨基和斯滕伯格（2000）
		HL6	在创新过程中，通过与技术交易机构互动交流去获取知识	穆勒和森克尔（2001）；科绍茨基和斯滕伯格（2000）
变量测量采用李克特 5 点制量表，具体测项用符合程度来代表分值，“1”表示非常不同意，“2”表示不同意，“3”表示没意见，“4”表示同意，“5”表示非常同意				

（7）交互领导力的测量

由 3.2.5 可知，交互领导力是企业在外部相关主体进行交互过程中的对交互对象的影响力。徐碧琳和李涛（2011）在测量网络核心企业领导力时，采用了影响力和引领力两个指标。影响力是指核心企业凭借其稀有资源、所掌握的核心技术、在网络中所处的关键地位等因素对网络成员的行为实施影响和加以控制。引领力的含义包括两个方面：一是核心企业能够根据外界多变的环境制定有效的目标并能在实施过程中加以控制；二是核心企业能够得到其他网络成员的认同并获得它们的追随，提高合作的稳定性。郭春元（2010）在测量创新网络中核心企业的领导力时，采用三个指标，分别为控制力、协调力和引领力。控制力采用两个题项：“处于领导地位的合作伙伴对我们的行为具有约束作用（贵企业能约束合作伙伴的行为）”“处于领导地位的合作伙伴对我们的业务要求，我们能很好地执行与完成（我们对合作伙伴的业务要求，他们能很好地执行与完成)"；协调力采用两个题项："处于领导地位的合作伙伴能使各组织职责分明、指挥得体并使合作伙伴合作协调一致（我们能使各合作伙伴职责分明，并能指挥合作伙伴合作协调一致)""处于领导地位的合作伙伴能够通过有效的控制来发展和维持网络组织的目标一致性（我能够通过有效的控制来发展和维持网络组织的目标一致性)"；引领力采用三个题项："因发展需求，当处于领导地位的合作伙伴作出战略改变时，我会毫不犹豫追随于他（当我们作出战略改变时，我们的合作伙伴会毫不犹豫追随于我们)""当环境变化时，处于领导地位的合作伙伴能作出正确的决策以适应环境（当环境变化时，我们能作出正确的决策以适应环境)""处于领导地位的合作伙伴能根据现实的环境与条件作出正确的发展战略（我们能根据现实的环境与条件作出正确的发展战略)"。从以上题项设计可以看出，每个题项有两种情形，一是被调查对象处于领导地位，二是被调查对象处于非领导地位。

本研究借鉴了以上研究成果，并参考了扎赫拉和贾维斯（Zahra & Garvis，2000）对企业领导力的测量，并在此基础上作了适当的修改，形成交互领导力初始测量量表，如表 5 - 14 所示。

表 5 - 14　　　　交互领导力初始量表

研究变量	操作性定义	代码	题项	题项文献来源
交互领导力	企业在与外部相关主体进行交互过程中对交互对象的影响力	IL1	在创新过程中，我们对创新伙伴的业务要求，他们能很好地执行与完成	郭春元（2010）；扎赫拉和贾维斯（2000）
		IL2	在创新过程中，我们能较好地约束创新伙伴的行为	徐碧琳和李涛（2011）；郭春元（2010）
		IL3	在创新过程中，当我们作出战略调整时，创新伙伴能够追随于我们	郭春元（2010）；扎赫拉和贾维斯（2000）
		IL4	在创新过程中，创新伙伴目标始终和我们保持协调一致	郭春元（2010）

变量测量采用李克特 5 点制量表，具体测项用符合程度来代表分值，"1"表示非常不同意，"2"表示不同意，"3"表示没意见，"4"表示同意，"5"表示非常同意

5.2.3 控制变量

企业创新能力是多因素共同作用的结果，除了企业交互性影响因素外，还存在一些重要的外部变量对企业创新能力产生显著作用。如忽略这些因素，可能会产生无效研究结论。本研究采用国内外一些学者钱锡红等（2010）、任宗强（2012）、霍加和马朗维尔（Khoja & Maranville，2009）等的普遍做法，将产业类别、企业年龄、企业规模选择作为控制变量（Control Variable）。

产业类别（industry type）：不同产业的技术以及经营特点有很大不同，这些差异会影响到创新的方法与流程（Hipp & Grupp，2005）。根据本研究的特点，将产业类型划分为两大类：一是高新技术产业；二是传统产业。把软件业、电子及通信设备制造、生物制药、新材料、新能源等作为高新技术产业，将食品、纺织服装、机械制造、建筑业等作为传统产业，同时设置虚拟变量，当企业属于高新技术产业赋值为1，当企业属于传统产业赋值为0。

企业规模（firm scale/size）：企业规模是影响企业和外界关系以及行为决策的一个重要属性，企业规模往往会影响企业的知识获取和企业间的关系（Autio et al.，2000）。企业规模越大，意味着拥有的资源越多，产生的规模效应越明显，企业绩效就可能会越好。大企业更有实力和意愿投入更多的研发费用和购买更先进的设备，从而使研究与开发的活动更好地开展，但同时，大企业决策往往较慢，创新方式上会趋于保守，有时也会失去一些转瞬即逝的创新机会，相反，有些小企业更加灵活，更加注意抓住创新机会，它们在某些产业中，对产品开发与技术创新发挥着更重要的作用（陈学光，2007）。因此，本研究选择了企业规模作为另一个控制变量。衡量企业规模的变量通常有三个：销售额、资产和员工人数。根据谢勒（Scherer，1965）的方法，销售额对生产要素的比例是中性的，并且能够反映短期需求的变动，因此被认为是最好的企业规模的代理变量（聂辉华等，2009），因此我们用销售额表示企业规模，并且取其对数作为变量值。

企业年龄（firm age）：企业年龄往往会影响企业与其他企业交往的情况，进而影响知识整合以及企业创新绩效。经营时间较长的企业往往能积累更多的知识与能力（许冠南，2008），更有助于其进行组织学习、新产品开发及创新活动（彭新敏，2009）。基于此，本研究将企业年龄选择作为又一个控制变量，以企业自成立以来的持续年数对该变量进行测度。具体来看，在本研究中，企业年龄设定为企业自成立起到2017年为止所经历的年数。

5.3 变量测量问卷修正

5.3.1 定性测试

初始问卷中的测量项目设计来源于文献资料，特别是国外的英文材料，由于语言、翻译和文化方面的差异，测量项目可能会出现晦涩、难以理解的情况。通过与专家交流，及时对个别测量项目进行纠正和修订，同时还可以检查问卷设计的合理性，问卷所设项目的全面性，以及问卷设计项目的冗余性。

本研究采用向专家咨询和交流的方式对调查问卷进行修改和完善，其中主要的访谈对象包括创新管理方面的专家学者以及企业中具有创新项目经验的实践管理者。通过向专家求教，可以进一步搞清楚调查研究目的与预期的研究结论是否统一；问卷内容是否有暗示和引导成分；问卷结构和篇幅是否合理；调查问卷的测量项目是否反映了所有需要测量的变量；翻译内容及其问题表述是否恰当。另外，与企业管理实务专家进行交流，可以检查调查测量项目的表述是否通俗易读；调查问卷的语言是否会导致误解；调查问题的提出是否符合企业实际。

通过以上咨询与交流，对问卷做了进一步修改，例如，专家建议对企业交互性中的每个潜变量的测试都要紧扣交互概念的核心要义；对企业创新能力的测量，专家也提出创新能力强不强是一个比较的概念，在测量时最好在每个测量项目前加上“与竞争者相比”；在对企业间纵向交互式学习测量时，第二个题项（VL2）“在创新过程中，贵企业非常重视客户的信息反馈”

和第一个题项（VL2）“在创新过程中，贵企业经常分析识别客户的需求”之间，表达的内容有所重复，建议删除第二个题项。本研究采纳以上建议对问卷进行了修改。企业界管理者提出，在测量时，相关条款中最好不用“知识”而用“信息”这个词，这样对于没有太多理论基础的企业工作人员更容易理解。但是，“知识”和“信息”是两个不同的概念，因此，在遵循测量目的不变的前提条件下，本研究在部分测量项目中使用“信息”代替了“知识”，从而使问项的表述更加通俗易懂。

5.3.2　预测试

为了提高问卷的可信性和有效性，在大规模问卷调查前，本研究采集了一些小样本进行预测试，并对问卷内容进行了修订，进而形成大规模调查的问卷。

（1）小样本收集

小样本数据是 2016 年 10 月通过向 MBA 班级学生和通过个人社会关系向企业发放问卷后收集而得。其中，在 MBA 班上共发放了 50 份问卷，回收 40 份，回收率为 80%，剔除无效问卷，余下 30 份有效问卷；在通过朋友、同学向企业发放问卷方面，以企业研发人员和管理人员为调查对象，共发放 70 份问卷，回收 40 份问卷，回收率为 57.14%，剔除答题缺损、前后矛盾等无效问卷，最后获得 33 份有效问卷。本次小样本共收集了 73 份有效问卷，其中，国有及国有控股企业 16 家，民营企业 47 家，外资企业 10 家。之所以选取 73 份问卷，是因为在进行因子分析时，只有达到以一定数量的样本数，才能确保因子分析结果的可靠性。根据戈萨奇（Gorsuch，1997）的观点，在进行因素分析时，预测试样本数最好为一份问卷中分量表题项最多的数量的 5 倍以上。本研究预测试的样本数是 73 个，符合这一要求。

（2）小样本描述

参数统计的前提条件是样本要符合正态分布，一般认为偏度绝对值小于 3，峰度绝对值小于 10 时，样本基本上符合正态分布（Kline，2010）。偏度的大小体现了样本数值处于平均数值的哪一边，如果多数样本值集中于低数值那边，则称为右偏态分布，相反，如果多数样本值集中于高数值那边，则称为左偏态分布。峰度则反映了样本数值分布的陡缓程度，通常有高峰和低峰之区分。本研究将以上小样本收集的有效问卷进行编码、录入，然后对各个测量问项的得分进行偏度、峰度和标注差测定，检验结果见附录1。通过检测发现，问卷中各测量题项的偏度绝对值均小于2，峰度绝对值均小于2，表明各个测量问项的数值基本符合正态分布，可以进行进一步的统计检验。

（3）小样本量表的信度检验

量表的稳定性或可靠性用信度来表示，一般用 Cronbach's α 值来进行衡量。Cronbach's α 值介于0～1之间，取值越高，量表的内在一致性越高。如果 Cronbach's α 值大于0.9，则表示量表的内部一致性很高；如果 Cronbach's α 值大于0.7而小于0.9，则表示量表的内部一致性较高；如果 Cronbach's α 值小于0.7，则表示量表内部一致性较差，量表存在较大问题，需要重新设计（Nunnally，1978）。本研究将采用项目总体相关系数值 CITC 和 Cronbach's α 值来共同净化和删除不合格的题项，一般认为当 CITC 小于0.5时，就应该删除该题项。

①企业创新能力量表的纯化

根据 CITC 值和信度系数值来纯化量表的测量题项。如表5－15所示，本研究中对企业创新能力的测量共有5个题项，CITC 值最低的是 IC5 的0.608，最高的是 IC2 和 IC4 的0.817，都大于一般要求0.5，且总信度系数值是0.906，说明该量表的题项符合信度要求。

表5－15　企业创新能力的 CITC 和信度分析

题项	初始 CITC 值	删除该项之后的 Cronbach's α	Cronbach's α
IC1	0.780	0.882	0.906
IC2	0.817	0.875	
IC3	0.812	0.875	
IC4	0.817	0.875	
IC5	0.608	0.919	

②交互意愿量表的纯化

根据 CITC 值和信度系数值来纯化量表的测量题项。如表 5 - 16 所示，本研究中对交互意愿的测量共有 5 个题项，CITC 值最低的是 IW3 的 0.625，最高的是 IW6 的 0.798，都大于一般要求 0.5，且总信度系数值是 0.907，说明该量表的题项符合信度要求。

表 5 - 16　　交互意愿的 CITC 和信度分析

题项	初始 CITC 值	删除该项之后的 Cronbach's α	Cronbach's α
IW1	0.783	0.886	0.907
IW2	0.773	0.887	
IW3	0.625	0.908	
IW4	0.762	0.889	
IW5	0.745	0.892	
IW6	0.798	0.883	

③知识匹配度量表的纯化

根据 CITC 值和信度系数值来纯化量表的测量题项。如表 5 - 17 所示，本研究中对知识匹配度的测量共有 5 个题项，CITC 值最低的是 KM3 的 0.723，最高的是 KM2 的 0.778，都大于一般要求 0.5，且总信度系数值是 0.869，说明该量表的题项符合信度要求。

表 5 - 17　　知识匹配度的 CITC 和信度分析

题项	初始 CITC 值	删除该项之后的 Cronbach's α	Cronbach's α
KM1	0.760	0.807	0.869
KM2	0.778	0.796	
KM3	0.723	0.847	

④交互关系数量量表的纯化

根据 CITC 值和信度系数值来纯化量表的测量题项。如表 5 - 18 所示，本研究中对交互关系数量的测量共有 6 个题项，CITC 值最低的是 RN1 的 0.554，最高的是 RN4 的 0.866，都大于一般要求 0.5，且总信度系数值是 0.899，说明该量表的题项符合信度要求。

表 5 – 18　　交互关系数量的 CITC 和信度分析

题项	初始 CITC 值	删除该项之后的 Cronbach's α	Cronbach's α
RN1	0.554	0.908	0.899
RN2	0.715	0.882	
RN3	0.694	0.886	
RN4	0.866	0.861	
RN5	0.786	0.871	
RN6	0.767	0.875	

⑤相互信任程度量表的纯化

根据 CITC 值和信度系数值来纯化量表的测量题项。如表 5 – 19 所示，本研究中对相互信任程度的测量共有 4 个题项，CITC 值最低的是 IB4 的 0.678，最高的是 IB2 的 0.817，都大于一般要求 0.5，且总信度系数值是 0.869，说明该量表的题项符合信度要求。

表 5 – 19　　相互信任程度的 CITC 和信度分析

题项	初始 CITC 值	删除该项之后的 Cronbach's α	Cronbach's α
IB1	0.689	0.845	0.869
IB2	0.817	0.793	
IB3	0.703	0.840	
IB4	0.678	0.849	

⑥合作经验量表的纯化

根据 CITC 值和信度系数值来纯化量表的测量题项。如表 5 – 20 所示，本研究中对合作经验的测量共有 3 个题项，CITC 值最低的是 CE1 的 0.747，最高的是 CE2 的 0.813，都大于一般要求 0.5，且总信度系数值是 0.881，说明该量表的题项符合信度要求。

表 5－20　合作经验的 CITC 和信度分析

题项	初始 CITC 值	删除该项之后的 Cronbach's α	Cronbach's α
CE1	0.747	0.852	0.881
CE2	0.813	0.792	
CE3	0.751	0.848	

⑦依赖程度量表的纯化

根据 CITC 值和信度系数值来纯化量表的测量题项。如表 5－21 所示，本研究中对依赖程度的测量共有 3 个题项，CITC 值最低的是 ID3 的 0.540，最高的是 ID2 的 0.741，都大于一般要求 0.5，且总信度系数值是 0.794，说明该量表的题项符合信度要求。

表 5－21　依赖程度的 CITC 和信度分析

题项	初始 CITC 值	删除该项之后的 Cronbach's α	Cronbach's α
ID1	0.639	0.718	0.794
ID2	0.741	0.610	
ID3	0.540	0.818	

⑧创新参与时机的纯化

根据 CITC 值和信度系数值来纯化量表的测量题项。如表 5－22 所示，本研究中创新参与时机的初始题项共有 4 个题项，PO4 的 CITC 值最低为 0.316，低于一般要求 0.5，删除该项后的信度系数值达到 0.825，因此删除 PO4。删除 PO4 后的量表信度系数值由初始的 0.818 变成最后的 0.825，信度系数有所提高，说明纯化后的量表具有更加良好的内部一致性。

表 5 – 22　　创新参与时机的 CITC 和信度分析

题项	初始 CITC 值	删除该项之后的 Cronbach's α	最后 CITC 值	删除该项之后的 Cronbach's α	Cronbach's α
PO1	0. 656	0. 763	0. 673	0. 766	初始：0. 818 最后：0. 825
PO2	0. 693	0. 745	0. 724	0. 713	
PO3	0. 696	0. 744	0. 647	0. 791	
PO4	0. 316	0. 825			

⑨创新参与程度的纯化

根据 CITC 值和信度系数值来纯化量表的测量题项。如表 5 – 23 所示，本研究中对创新参与程度的测量共有 3 个题项，CITC 值最低的是 PD3 的 0. 596，最高的是 PD2 的 0. 660，都大于一般要求 0. 5，且总信度系数值是 0. 785，说明该量表的题项基本符合信度要求。

表 5 – 23　　依赖程度的 CITC 和信度分析表

题项	初始 CITC 值	删除该项之后的 Cronbach's α	Cronbach's α
PD1	0. 630	0. 704	0. 785
PD2	0. 660	0. 675	
PD3	0. 596	0. 752	

⑩企业间纵向交互式学习的纯化

由上文的定性测试，表 5 – 24 删除了 VL2，现对剩下的 5 个题项继续进行纯化。根据 CITC 值和信度系数值来纯化量表的测量题项。如表 5 – 24 所示，本研究中企业纵向交互式学习共有 5 个题项，VL6 的 CITC 值最低为 0. 413，低于一般要求 0. 5，删除该项后的信度系数值达到 0. 826，因此删除 VL6。删除 VL6 后的量表信度系数值由初始的 0. 826 变成最后的 0. 898，信度系数有所提高，说明纯化后的量表具有更加良好的内部一致性。

表 5－24　　企业纵向交互式学习的 CITC 和信度分析

题项	初始 CITC 值	删除该项之后的 Cronbach's α	最后 CITC 值	删除该项之后的 Cronbach's α	Cronbach's α
VL1	0.582	0.808	0.622	0.797	初始：0.826 最后：0.898
VL3	0.709	0.771	0.711	0.755	
VL4	0.682	0.778	0.673	0.771	
VL5	0.659	0.786	0.610	0.800	
VL6	0.413	0.826			

⑪企业间横向交互式学习的纯化

根据 CITC 值和信度系数值来纯化量表的测量题项。如表 5－25 所示，本研究中对企业间横向交互式学习的测量共有 7 个题项，CITC 值最低的是 SL7 的 0.580，最高的是 SL6 的 0.766，都大于一般要求 0.5，且总信度系数值是 0.871，说明该量表的题项符合信度要求。

表 5－25　　企业间横向交互式学习的 CITC 和信度分析

题项	初始 CITC 值	删除该项之后的 Cronbach's α	Cronbach's α
SL1	0.600	0.858	0.871
SL2	0.657	0.851	
SL3	0.674	0.849	
SL4	0.628	0.856	
SL5	0.630	0.855	
SL6	0.766	0.836	
SL7	0.580	0.861	

⑫企业与知识生产机构间交互式学习的纯化

根据 CITC 值和信度系数值来纯化量表的测量题项。如表 5－26 所示，本研究中对企业与知识生产机构间交互式学习的测量共有 8 个题项，CITC 值最低的是 UL4 的 0.716，最高的是 UL6 的 0.852，都大于一般要求 0.5，且总信度系数值是0.947，说明该量表的题项内部一致性非常好。

表 5-26　　企业与知识生产机构间交互式学习的 CITC 和信度分析

题项	初始 CITC 值	删除该项之后的 Cronbach's α	Cronbach's α
UL1	0.760	0.943	0.947
UL2	0.813	0.939	
UL3	0.821	0.939	
UL4	0.716	0.946	
UL5	0.809	0.940	
UL6	0.852	0.937	
UL7	0.851	0.937	
UL8	0.824	0.939	

⑬企业与科技服务机构间交互式学习的纯化

根据 CITC 值和信度系数值来纯化量表的测量题项。如表 5-27 所示，本研究中对企业与科技服务机构间交互式学习的测量共有 6 个题项，CITC 值最低的是 HL6 的0.678，最高的是 HL1 和 HL4 的0.812，都大于一般要求0.5，且总信度系数值是0.916，说明该量表的题项内部一致性非常好。

表 5-27　　企业与知识生产机构间交互式学习的 CITC 和信度分析

题项	初始 CITC 值	删除该项之后的 Cronbach's α	Cronbach's α
HL1	0.812	0.749	0.916
HL2	0.779	0.717	
HL3	0.772	0.609	
HL4	0.812	0.665	
HL5	0.722	0.547	
HL6	0.678	0.469	

⑭交互领导力量表的纯化

根据 CITC 值和信度系数值来纯化量表的测量题项。如表 5-28 所示，本研究中对相互信任程度的测量共有4个题项，CITC值最低的是IL3的0.685，最高的是IL2的0.750，都大于一般要求0.5，且总信度系数值是0.870，说明该量表的题项符合信度要求。

表5-28　交互领导力的CITC和信度分析

题项	初始CITC值	删除该项之后的Cronbach's α	Cronbach's α
IL1	0.719	0.837	0.870
IL2	0.750	0.824	
IL3	0.685	0.850	
IL4	0.745	0.826	

（4）探索性因子分析（exploratory factor analysis，EFA）

因子分析的基本原理是根据量表中项目之间的相关性大小将它们进行分组，使得同组的项目之间的相关性较高，不同组的项目之间相关性较低，每组测量题项代表一个基本结构，这个结构就用一个公共因子来解释。探索性因子分析的目的是确认量表的因素结构，通过数据分析结果查看能形成多少个因素或构念，以及因素负荷量的组型如何。在探索性因子分析之前，首先要对样本进行KMO适当性检验和Barlett's球度检验，以判断是否可以进行因子分析，也就是说先进行相关性分析检验。这是因为因子分析的前提是变量之间具有相关性，如果变量之间是正交关系，它们之间就不会存在公共因子，作因子分析，也就没有意义了，只有相关性较高，才适合于作因子分析（马庆国，2002）。可以采用对样本进行KMO适当性检验和Barlett's球度检验，以判断是否可以进行因子分析。KMO检验是比较变量之间的相关系数与偏相关系数的相对大小，其统计值在0~1之间。KMO值越接近1，表示变量之间的相关性越强，意味着变量包含的共同因子越多，也就越适合作探索性因子分析；KMO值越接近0，表示变量间的相关性越弱，意味着变量间的共同因子越少，也就越不适合作探索性因子分析。是否适合于作因子分析，一般采用如下判断标准：KMO大于0.9时，非常适合；0.8~0.9区间，很适合；0.7~0.8区间，适合；0.6~0.7区间，不太适合；0.5~0.6区间，很勉强；0.5 以下，不适合。Barlett's 球度检验用于检验变量之间的相关矩阵是否为单位矩阵，Barlett's 的卡方值较大，且对应的概率值小于给定的显著水平，就表明变量之间的相关系数矩阵与单位矩阵有显著差异，意味着原有变量适合做因子分析。

从前面的定性测试和小样本信度检验中得知，表 5 – 8 中的 PO4 题项和表 5 – 10 中的 VL2 和 VL6 删除。删除这几个题项后分别再对企业创新能力、交互意愿、知识匹配度、交互关系数量、交互关系质量、创新参与、交互式学习、交互领导力几个潜变量作探索性因子分析。

①企业创新能力的探索性因子分析

从表 5 – 29 可知，企业创新能力量表的 KMO 值达到 0.849，很适合作因子分析，Bartlett's 球度检验卡方值为 244.380，自由度为 10，相应的概率 P 值小于给定的显著水平 0.001，则应拒绝零假设，因此，可以进行进一步的因子分析。

表 5 – 29　　企业创新能力量表的 KMO and Bartlett's Test

Kaiser – Meyer – Olkin Measure of Sampling Adequacy		0.849
Bartlett's Test of Sphericity	Approx. Chi – Square	244.380
	df	10
	Sig.	0.000

本研究利用主成分分析法，采用正交旋转观察各个特征根的值，运用 Kaiser 法，即特征值 1.0 作为确定因子数目的标准，选取的特征根值大于 1，从而得到不同项目的因子载荷，企业创新能力的探索性因子分析结果如表 5 – 30 所示。

表 5 – 30　　企业创新能力探索性因子分析

题项	Component
	1
IC2	0.892
IC3	0.891

续表

题项	Component
	1
IC4	0. 890
IC1	0. 869
IC5	0. 726
特征根值	3. 663
方差解释率（%）	73. 25

从表 5 -28 可以看出，由主成分分析方法提取特征根大于 1 的因子，仅存在单一因子，其特征值为 3. 663，解释的方差比率达到了 73. 25%，也已经大于基本要求 50%（Weiss，1970），而且各个题项的因子负荷都超过了 0. 70，表现出较好的收敛性。分析结果表明，经过信度纯化过的量表呈现单因子结构，其包含的 5 个题项具有较好的单维度性，维持原来量表。

②企业交互意愿的探索性因子分析

从表 5 -31 可知，企业交互意愿量表的 KMO 值达到 0. 864，很适合作因子分析，Bartlett's 球度检验卡方值为 274. 210，自由度为 15，相应的概率 P 值小于给定的显著水平 0. 001，则应拒绝零假设，因此，可以进行进一步的因子分析。

表 5 -31　　　　交互意愿量表的 KMO and Bartlett's Test

Kaiser - Meyer - Olkin Measure of Sampling Adequacy		0. 864
Bartlett's Test of Sphericity	Approx. Chi - Square	274. 210
	df	15
	Sig.	0. 000

本研究利用主成分分析法，采用正交旋转观察各个特征根的值，运用 Kaiser 法，即特征值 1. 0 作为确定因子数目的标准，选取的特征根值大于 1，从而得到不同项目的因子载荷，企业交互意愿的探索性因子分析结果如表 5 -32 所示。

表 5－32　　企业交互意愿探索性因子分析

题项	Component
	1
IW1	0.736
IW2	0.726
IW3	0.535
IW4	0.706
IW5	0.690
IW6	0.745
特征根值	4.138
方差解释率（%）	68.971

从表 5－32 可以看出，由主成分分析方法提取特征根大于 1 的因子，仅存在单一因子，其特征值为 4.138，解释的方差比率达到了 68.971%，也已经大于基本要求 50%（Weiss，1970），而且各个题项的因子负荷都超过了 0.50，表现出较好的收敛性。分析结果表明，经过信度纯化过的量表呈现单因子结构，其包含的 6 个题项，具有较好的单维度性，维持原来量表。

③知识匹配度的探索性因子分析

从表 5－33 可知，知识匹配度量表的 KMO 值达到 0.736，适合作因子分析，Bartlett's 球度检验卡方值为 107.134，自由度为 3，相应的概率 P 值小于给定的显著水平 0.001，则应拒绝零假设，因此，可以进行进一步的因子分析。

表 5－33　　知识匹配度量表的 KMO and Bartlett's Test

Kaiser－Meyer－Olkin Measure of Sampling Adequacy		0.736
Bartlett's Test of Sphericity	Approx. Chi－Square	107.134
	df	3
	Sig.	0.000

本研究利用主成分分析法，采用正交旋转观察各个特征根的值，运用 Kaiser 法，即特征值1.0作为确定因子数目的标准，选取的特征根值大于1，从而得到不同项目的因子载荷，知识匹配度的探索性因子分析结果如表5－34所示。

表5－34　　知识匹配度的探索性因子分析

题项	Component
	1
KM1	0.805
KM2	0.821
KM3	0.765
特征根值	2.391
方差解释率（%）	79.702

从表5－34可以看出，由主成分分析方法提取特征根大于1的因子，仅存在单一因子，其特征值为2.391，解释的方差比率达到了79.702%，也已经大于基本要求50%（Weiss，1970），而且各个题项的因子负荷都超过了0.50，表现出较好的收敛性。分析结果表明，经过信度纯化过的量表呈现单因子结构，其包含的3个题项具有较好的单维度性，维持原来量表。

④交互关系数量的探索性因子分析

从表5－35可知，交互关系数量量表的KMO值达到0.825，很适合作因子分析，Bartlett's球度检验卡方值为314.443，自由度为3，相应的概率P值小于给定的显著水平0.001，则应拒绝零假设，因此，可以进行进一步的因子分析。

表5－35　　交互关系数量量表的KMO and Bartlett's Test

Kaiser－Meyer－Olkin Measure of Sampling Adequacy		0.825
Bartlett's Test of Sphericity	Approx. Chi－Square	314.443
	df	15
	Sig.	0.000

本研究利用主成分分析法，采用正交旋转观察各个特征根的值，运用Kaiser法，即特征值1.0作为确定因子数目的标准，选取的特征根值大于1，从而得到不同项目的因子载荷，企业交互关系数量的探索性因子分析结果如表5－36所示。

表5－36　　交互关系数量探索性因子分析

题项	Component
	1
RN1	0. 536
RN2	0. 635
RN3	0. 637
RN4	0. 842
RN5	0. 762
RN6	0. 736
特征根值	4. 048
方差解释率（%）	67. 466

从表5－36可以看出，由主成分分析方法提取特征根大于1的因子，仅存在单一因子，其特征值为4. 048，解释的方差比率达到了67. 466%，也已经大于基本要求50%（Weiss，1970），各个题项的因子负荷都超过了0. 50，表现出较好的收敛性。分析结果表明，经过信度纯化过的量表呈单因子结构，其包含的3个题项具有较好的单维度性，维持原来量表。

⑤交互关系质量的探索性因子分析

由前述理论构建可知，交互关系质量包括相互信任程度、合作经验和依赖程度3个构面，下面将对交互关系质量进行探索性因子分析。

从表5－37可知，交互关系质量量表的KMO值达到0. 828，很适合作因子分析，Bartlett's球度检验卡方值为312. 891，自由度为28，相应的概率P值小于给定的显著水平0. 001，则应拒绝零假设，因此，可以进行进一步的因子分析。

表 5－37　　交互关系质量量表的 KMO and Bartlett's Test

Kaiser－Meyer－Olkin Measure of Sampling Adequacy		0. 828
Bartlett's Test of Sphericity	Approx. Chi－Square	312. 891
	df	28
	Sig.	0. 000

本研究利用主成分分析法，采用正交旋转观察各特征根的值，运用 Kaiser 法，即特征值 1. 0 作为确定因子数目的标准，选取的特征根值大于 1，从而得到不同项目的因子载荷，企业交互关系质量的探索性因子分析结果如表 5－38 所示。

表 5－38　　交互关系质量的探索性因子分析

Rotated Component Matrix[a]			
题项	Component		
	1	2	3
CE2	0. 863	0. 256	0. 238
CE1	0. 848	0. 187	0. 266
CE3	0. 672	0. 333	0. 462
ID2	0. 200	0. 866	0. 211
ID1	0. 264	0. 857	－0. 013
ID3	0. 162	0. 612	0. 486
IB4	0. 325	0. 020	0. 848
IB3	0. 272	0. 260	0. 807
特征根值	2. 230	2. 138	1. 994
方差解释率（%）	27. 872	26. 727	24. 921
累计解释方差（%）	27. 872	54. 600	79. 521

以上结果是在进行了 3 次探索性因子分析之后得出的结果，第一次删除

了 IB1，第二次删除了 IB2，剩下的所有题项进行了第三次因子分析。从表 5 -38可以看出，交互关系质量经过方差最大法旋转之后，有 3 个特征值大于 1 的因子，分别对应本研究中的 3 个变量，这 3 个变量共同解释了方差变异的 79.521%，累计方差解释率已经超过 50% 的基本要求。3 个因子的测量项目在其对应的因子上相对于其他因子而言都有较大的因子载荷，并且都大于 0.5，这表明所检测的交互关系质量量表具有较好的区分效度。从表 5 -38 可以看出，测量题项 CE1、CE2、CE3 聚集于因子 1，ID1、ID2、ID3 聚集于因子 2，IB3、IB4 聚集于因子 3。

⑥创新参与的探索性因子分析

由前述理论构建可知，创新参与包括参与时机和参与程度两个构面，表 5 -8 中的 PO4 在进行信度检验时已经删除，因此创新参与的量表目前共计 6 个题项，下面将对交互关系质量进行探索性因子分析。

从表 5 -39 可知，交互关系质量量表的 KMO 值达到 0.840，很适合作因子分析，Bartlett's 球度检验卡方值为 143.489，自由度为 10，相应的概率 P 值小于给定的显著水平 0.001，则应拒绝零假设，因此，可以进行进一步的因子分析。

表 5 -39　　创新参与量表的 KMO and Bartlett's Test

Kaiser – Meyer – Olkin Measure of Sampling Adequacy		0.840
Bartlett's Test of Sphericity	Approx. Chi – Square	143.489
	df	10
	Sig.	0.000

本研究利用主成分分析法，采用正交旋转观察各个特征根的值，运用 Kaiser 法，即特征值 1.0 作为确定因子数目的标准，选取的特征根值大于 1，从而得到不同项目的因子载荷，企业交互关系质量的探索性因子分析结果如表 5 -40 所示。

表 5－40　　创新参与探索性因子分析

Rotated Component Matrix[a]		
题项	Component	
	1	2
PO2	0. 845	0. 285
PO3	0. 832	0. 237
PO1	0. 708	0. 456
PD3	0. 267	0. 839
PD2	0. 318	0. 813
特征根值	2. 079	1. 710
方差解释率（%）	41. 581	34. 192
累计解释方差（%）	41. 581	75. 773

以上结果是在进行了 2 次探索性因子分析之后得出的结果，第一次删除了 PD1，然后对剩下的 5 个题项进行了第二次因子分析。从表 5－40 可以看出，创新参与经过方差最大法旋转之后，有 2 个特征值大于 1 的因子，分别对应本研究中的 2 个变量，这 2 个变量共同解释了方差变异的 79. 773%，累计方差解释率已经超过 50% 的基本要求。2 个因子的测量项目在其对应的因子上相对于其他因子而言都有较大的因子载荷，并且都大于 0. 5，这表明所检测的创新参与量表具有较好的区分效度。从表 5－40 可以看出，题项 PO1、PO2、PO3 聚集于因子 1，而题项 PD1、PD2 聚集于因子 2。

⑦交互式学习的探索性因子分析

由前述理论构建可知，交互式学习包括企业间纵向交互式学习、企业间横向交互式学习、企业与知识生产机构交互式学习和企业与科技服务机构间交互式学习 4 个构面，表 5－10 中的 VL2 在定性测试中删除，VL6 在进行信度检验时已经删除，因此交互式学习的量表目前共计 25 个题项，下面将对交互式学习进行探索性因子分析。

从表 5－41 可知，交互式学习的量表的 KMO 值达到 0. 886，很适合作因子分析，Bartlett's 球度检验卡方值为 1287. 443，自由度为 210，相应的概率

P值小于给定的显著水平0.001，则应拒绝零假设，因此，可以进行进一步的因子分析。

表5-41　交互式学习量表的KMO and Bartlett's Test

Kaiser - Meyer - Olkin Measure of Sampling Adequacy		0.886
Bartlett's Test of Sphericity	Approx. Chi - Square	1287.443
	df	210
	Sig.	0.000

同样利用主成分分析法，采用正交旋转观察各个特征根的值，运用Kaiser法，即特征值1.0作为确定因子数目的标准，选取的特征根值大于1，从而得到不同项目的因子载荷，企业交互式学习的探索性因子分析结果如表5-42所示。

表5-42　企业交互式学习的探索性因子分析

Rotated Component Matrix[a]				
题项	Component			
	1	2	3	4
UL6	0.848	0.310	0.165	0.050
UL8	0.827	0.197	0.205	0.188
UL2	0.812	0.191	0.137	0.282
UL7	0.804	0.376	0.202	0.060
UL3	0.717	0.362	0.234	0.205
UL5	0.696	0.460	0.282	-0.030
UL1	0.579	0.350	0.313	0.370
HL4	0.260	0.802	0.103	0.267
HL3	0.303	0.787	0.138	0.187
HL1	0.356	0.735	0.281	0.186
HL5	0.322	0.665	0.054	0.330

续表

Rotated Component Matrix[a]				
题项	Component			
	1	2	3	4
HL2	0. 359	0. 653	0. 258	0. 326
HL6	0. 418	0. 507	0. 354	0. 217
SL1	0. 096	0. 043	0. 835	0. 227
SL2	0. 306	0. 134	0. 801	0. 133
SL6	0. 241	0. 308	0. 724	0. 199
SL3	0. 301	0. 373	0. 547	0. 316
VL3	-0. 022	0. 271	0. 224	0. 815
VL1	0. 067	0. 319	0. 189	0. 714
VL4	0. 471	0. 219	0. 131	0. 674
VL5	0. 386	0. 119	0. 329	0. 623
特征根值	5. 363	4. 196	3. 038	2. 930
方差解释率（%）	25. 539	19. 983	14. 466	13. 953
累计解释方差（%）	25. 539	45. 521	59. 987	73. 941

以上结果是在进行了 5 次探索性因子分析之后得出的结果，第一次删除了 UL4，第二次删除了 SL5，第三次删除了 SL7，第四次删除了 SL4，然后对剩下的 5 个题项进行了第 5 次因子分析。从表 5 - 42 可以看出，交互式学习经过方差最大法旋转之后，有 4 个特征值大于 1 的因子，分别对应本研究中的 4 个变量，这 4 个变量共同解释了方差变异的 73. 941%，累计方差解释率已经超过 50% 的基本要求。4 个因子的测量项目在其对应的因子上相对于其他因子而言都有较大的因子载荷，并且都大于 0. 5，这表明所检测的交互式学习量表具有较好的区分效度。从表 5 - 42 可以看出，题项 UL6、UL8、UL2、UL7、UL3、UL5、UL1 聚集于因子 1；题项 HL4、HL3、HL1、HL5、HL2、HL6 聚集于因子 2；题项 SL1、SL2、SL6、SL3 聚集于因子 3；题项 VL3、VL1、VL4、VL5 聚集于因子 4。

⑧交互领导力的探索性因子分析

从表5－43可知，交互领导力量表的KMO值达到0.828，很适合作因子分析，Bartlett's球度检验卡方值为135.621，自由度为6，相应的概率P值小于给定的显著水平0.001，则应拒绝零假设，因此，可以进行进一步的因子分析。

表5－43　　交互领导力量表的KMO and Bartlett's Test

Kaiser－Meyer－Olkin Measure of Sampling Adequacy		0.828
Bartlett's Test of Sphericity	Approx. Chi－Square	135.621
	df	6
	Sig.	0.000

同样利用主成分分析法，采用正交旋转观察各个特征根的值，运用Kaiser法，即特征值1.0作为确定因子数目的标准，选取的特征根值大于1，从而得到不同项目的因子载荷，交互领导力的探索性因子分析结果如表5－44所示。

表5－44　　交互领导力探索性因子分析

题项	Component
	1
IL2	0.866
IL4	0.863
IL1	0.846
IL3	0.822
特征根值	2.885
方差解释率（%）	72.130

从表5－44可以看出，由主成分分析方法提取特征根大于1的因子，仅存在单一因子，其特征值为2.885，解释的方差比率达到了72.130%，也已

经大于基本要求50%（Weiss, 1970），各个题项的因子负荷都超过了0.50，表现出较好的收敛性。分析结果表明，经过信度纯化过的量表呈单因子结构，其包含的4个题项具有较好的单维度性，维持原来量表。

5.3.3 正式问卷的形成

经过上文中的预测试，删除了一些量表中的部分题项，最后形成正式问卷。具体来看，第一，通过定性测试，删除了表5-10中题项VL2；第二，通过内部一致性的信度检验，删除了表5-8中的题项PO4和表5-10中的题项VL6；第三，通过探索性因子分析，删除了表5-5中的题项IB1和IB2，删除了表5-9中的题项PD1；删除了表5-11中的题项SL4、SL5和SL7，还删除了表5-12中的题项UL4，最后形成的正式问卷见附录2。

5.4 本章小结

本章首先交代了调查问卷设计的原则与程序，接着介绍了企业创新能力、企业交互意愿、知识匹配度、交互关系数量、交互关系质量（相互信任程度、合作检验、企业依赖程度）、创新参与（参与时机、参与程度）、交互式学习（纵向交互式学习、横向交互式学习、与知识生产机构交互式学习、与科技服务机构交互式学习）、交互领导力测量问项的产生过程，然后分别与学者专家、实践管理者进行了沟通和讨论，将部分表述不清和与实际不符的问项进行修正和删除，再通过预测试进行了CITC和信度检验、KMO检验、Barlett's球度检验、探索性因子分析，对问卷的有效性和可靠性进行了检验和调整，并最终形成了本研究的最终调查问卷，参见附录2。

第 6 章

正式调研和假设检验

通过精心设计合格的问卷发放收集到样本数据之后，进一步要对各个潜变量进行验证性因子分析，然后再通过多元回归分析检验前述提出的各个假设是否成立以及整体模型的拟合效果怎样。

6.1 数据收集与描述

样本数据的收集要与研究对象相一致，收集的数据要经过统计描述，数据要符合进一步验证的统计要求。

6.1.1 数据收集

本研究针对是企业层面，调查问卷定稿后，根据实际情况和研究需要，同时也考虑有效问卷回收的成功率，采用了三种问卷发放和回收方式：第一，现场发放与回收。通过与相关学院和授课教师沟通，在高校 MBA 班级以及企业管理层培训班的课堂现场发放问卷，等待他们填好问卷后再现场回收。这种方式发放问卷 80 份，回收问卷 80 份，剔除其中信息缺失较多的问卷 12 份，有效问卷 68 份。第二，通过同学、朋友、已经毕业工作的学生发放和回收问卷。他们各自的工作岗位不同，更多的是在企业中工作。问卷一部分通过纸质快递方式寄送，另一部分以电子邮件的方式发送给他们，通过他们的工作关系，请他们代为发放，并在发放前作出相关说明。通过这种方式共发放问卷300份，回收问卷180份，有效问卷145份。第三，通过网络发放和回收问卷。在“问卷星”网站上制作了同样内容和格式的调查问卷，并设置了填写人的资格限制。通过这种方式共获得有效问卷45份。由此，最终得到有效问卷共计258份。纸质问卷的发放和回收时间为2016年11月20日至12月20日，电子邮件和网络问卷的公布和收集时间为2016年11月20日至12月10日。

6.1.2　样本描述

（1）地区分布

本研究所获得的258份有效问卷中，所在地区的分布情况如表6-1所示：安徽84份，占32.56%；江苏58份，占22.48%；上海34份，占13.18%；山东26份，占10.08%；福建14份，占5.34%；浙江12份，占4.65%；北京9份，占3.48%；广东21份，占8.14%。

表6-1　样本企业地区分布

省市	样本数	比例（%）
安徽	84	32.56
江苏	58	22.48
上海	34	13.18
山东	26	10.08
福建	14	5.43
浙江	12	4.65
北京	9	3.48
广东	21	8.14
合计	258	100

（2）企业基本信息

将样本按照企业成立年限、员工人数和资产规模进行分类，如表6－2所示。从企业成立年限上看，3年及以下的企业占3.48%，4～6年的企业占22.93%，7～10年的企业占38.09%，11～20年的企业占29.17%，20年以上的企业占8.31%。从员工数量上看，200人以下的企业占7.87%，201～1000人的企业占60.61%，1001～2000人的企业占17.43%，2001～5000人的企业占10.24%，5000人以上的企业占6.82%。按照企业资产规模来分，500万元以下的占2.59%，501万～5000万元的企业占22.42%，5001万～1亿元的企业占26.36%，1亿～10亿元的企业占24.23%，10亿元以上的企业占21.43%。

表6－2　样本企业基本信息

企业成立年限	比例（%）	员工数量	比例（%）	资产规模	比例（%）
3年及以下	3.48	200人以下	7.87	500万元以下	2.59
4～6年	22.93	201～1000人	60.61	501万～5000万元	22.42
7～10年	38.09	1001～2000人	17.43	5001万～1亿元	26.36
11～20年	29.17	2001～5000人	10.24	1亿～10亿元	24.23
20年以上	8.31	5000人以上	6.82	10亿元以上	21.43
合计	100		100		100

（3）企业所属行业

将258个样本企业按照所述行业进行分类，其中，食品生产业28个，占10.85%；纺织服装业10个，占3.88%；机械制造业35个，占13.57%；建筑业12个，占4.65%；电子及通信设备制造业35个，占13.57%；软件业44个，占17.05%；专用仪表仪器制造业8个，占3.10%；生物制药36个，占13.95%；新材料23个，占8.91%；新能源18个，占6.98%；其他行业9个，占3.49%（如表6－3所示）。

表6－3　　样本企业所属行业分类

行业分类	样本数	比例（%）
食品生产业	28	10.85
纺织服装业	10	3.88
机械制造业	35	13.57
建筑业	12	4.65
电子及通信设备制造业	35	13.57
软件业	44	17.05
专用仪表仪器制造业	8	3.10
生物制药	36	13.95
新材料	23	8.91
新能源	18	6.98
其他行业	9	3.49
合计	258	100

（4）企业产权性质

按照产权性质将获得的258份样本进行分类，其中，国有企业（含国有控股）42个，占样本总数的16.28%；民营企业（含私人控股）193个，占样本总数的74.81%；外资企业（含外资控股）19个，占样本总数的7.36%；其他性质的为4个，占样本总数的1.55%（如表6－4所示）。

表6－4　　样本企业产权性质分类

产权性质	样本数	比例（%）
国有企业（含国有控股）	42	16.28
民营企业（含私人控股）	193	74.81
外资企业（含外资控股）	19	7.36
其他	4	1.55
合计	258	100

6.1.3 数据描述

对于大样本问卷中获得的数据同样需要检验是否服从正态分布，本研究采用软件 SPSS19.0 对数据进行处理，得到的标准差、偏态、峰度等检验结果见附录 3。如克莱恩（2010）提出的一样，当偏度绝对值小于 3、峰度绝对值小于 10 时，就表示样本基本上服从正态分布。从统计结果看出，通过问卷获得的各个问项对应的数据的偏度绝对值均小于 2，峰度绝对值均小于 3，表明各测量问项的数值基本服从正态分布，可以进行进一步的因子分析和回归分析。

6.1.4 信度和效度

（1）信度

信度是用来衡量测量误差的程度，这里主要是指内部一致性信度，又称内部一致性系数，是指用来测量同一个概念的多个计量指标的一致性程度，可以用来估计一种测量方法不受随机性和不稳定误差影响的程度，测量效果的一致性和稳定性体现为较高的信度。量表的内部一致性是反映问项同质性的程度；量表的稳定性是指在同一个被试者使用相同的方法反复测量能够得到一致的结果。若潜在变量的 Cronbach's α 值大于 0.7，但费耶斯和梅钦（Fayers & Machin，2002）也指出，问项数量小于 6 个时，内部一致性系数大于 0.6，表明量表是有效的。组合信度值大于 0.6，则表明量表具有良好的信度。

（2）效度

效度是指测量工具或手段能够准确测出所需测量事物的程度。测量到的结果反映所要考察内容的程度，要考察的内容与测量结果越吻合，则效度越高；反之，则效度越低。效度的评价指标主要有内容效度和建构效度。内容效度体现了每个测量项目设置的适合度，它们是否具有代表性和综合性，其有效程度主要取决于测量项目产生的实际情境（Bock & Kim，2002）。内容效度的高低，可以采用文献分析和访谈咨询相关专家的方法对测量项目的代表性和综合性进行评估（谢荷锋，2007）。本研究调查问卷中绝大多数测量项目的设置是参考已有的理论文献，并结合了企业交互创新的实际背景。少数测量项目的选取没有合适的量表作为依据，则是参考了相近概念的量表，同时结合企业创新管理的实际背景后进行的设置。本研究是在已有相关文献研究的基础上，采用向学者专家以及企业管理人员进行咨询和交流的形式，吸收借鉴他们的反馈和评价，对不恰当的项目进行了修正、完善及其删除，因此最大限度上保证了问卷测量具有较高的内容效度。

建构效度指量表能正确测量理论构念和特质的程度，它适用于多重指标的测量情况。建构效度要解决的重要问题是：测量工具（量表）实际测量的是哪些特征？在评价建构效度时，研究人员要解释“量表为什么有效”这一理论问题以及考虑从这一理论问题中能得出什么推论。建构效度要求对每个特征的测量背后有足够的理论支持，并且这些被测量的特征之间应该有合理的关系。建构效度主要有两种类型：一是聚合效度（convergent validity），是指测量同一构念的多重指标时，彼此间聚合或有关联时而具有的效度；二是区别效度（discriminant validity），与聚合效度相反，此类效度是指当一个构念的多重指标相聚合或正相关时，则这个构念的测量指标也应与其相对立的构念的测量指标有负向相关。检测量表的建构度最常用的方法是因子分析法。根据黄芳铭（2004）等学者对效度检验的研究，建构效度的检验包括以下几个步骤：第一步，基本适配指标检验，即估计参数中不现负的误差、所有误差变异必须达到显著水平、估计参数统计量彼相关系数的绝对值不能太接近 1。第二步，整体模型适配度检验，一般用绝对适配度、增值适配度和简约适配三种指标衡量整体模型拟合度。检测整体模型适配度的指标和标准如表 5 - 14 所示。第三步，收敛效度检验，如果各测量题项的标准化因子载荷量和潜量的平均方差抽取量（average variance extracted，AVE）均大于 0.5 以上，则表明量表具有较好的收敛效度（Hair et al.，1998）。第四步，区别效验，一般认为量表中潜在变量的平均方差抽取量的平方根若大于潜在变量间的相关系数，则表明量表具有较好的区别效度（Bagozzi & Yi，1988）。

6.2 验证性因子分析

验证性因子分析（comfirmatory factor analysis，CFA）往往用来检验一组测量变量和可以解释测量变量的因素构念间的关系，以确认事先假设的测量变量与因素间关系的正确性。通常，探索性因子分析利用一组样本来产生测量变量间的因子结构，再采用验证性因子分析通过另一组样本来检验假设因子结构的契合度（吴明隆，2009）。验证性因子分析属于结构方程模型的一种次模型，是结构方程模型的一种特殊应用。结构方程模型能够较好地处理潜在变量的分析和估计，具有较高的理论先验性，可以在潜在变量的内容和属性分析的基础上，提出适当的测量变量组成测量模型后，再借助结构方程模型对潜在变量的结构或影响关系进行有效分析。从本质上来讲，结构方程模型分析是以变量之间的协方差矩阵为基础来分析变量之间关系的一种统计方法，能够解释一个或多个自变量同一个或多个因变量之间的关系。结构方程模型最主要的功能是验证性功能，研究者根据一定的统计方法对复杂的理论模型加以处理，并根据评价指标结果对理论模型做出适当性评价，从而验证研究者事先假设的理论模型。结构方程模型分为测量方程和结构方程两个部分，其中，测量方程描述潜变量与观测变量之间的关系，表明一个潜变量是由哪些指标变量来测度的；结构方程描述潜变量之间的关系，是一组类似多元回归分析中描述外生变量同内生变量之间定量关系的模型（侯杰泰等，2004）。进行一个验证性因素分析的基本过程有四个步骤：第一步，模型界定。即对观测变量的数目，潜在变量的数目、潜在变量与观测变量间的关系，潜在变量之间的相互关系等形成明确的假设。第二步，模型确定性。模型中的所有参数是否都只有一种方法求解，也就是模型是否有解及解的唯一性问题。对验证性因子分析而言，模型的确定性是对模型进行参数估计的必要前提。第三步，模型估计以及矩阵表示。第四步，模型合理性检验与修订。合理性检验包括参数的合理性（如方差、协方差的非负性）检验与显著性检验，整个模型的适切性检验等。

χ^2/df 是卡方自由度比值，代表假设模型的协方差矩阵与观察数据适配程度。χ^2/df 值愈小，表示模型的适配度愈好。卡迈恩斯和麦基弗（Carmines & Mclver，1981）认为若 χ^2/df 值小于 1.00，表示模型过度适配；若 χ^2/df 值大于 1.00 小于 3.00，表示模型适配较好；若 χ^2/df 值大于 3.00，表示模型适配度不佳。另外，拟合优度指数（goodness of fit index，GFI）是用来表示观察矩阵中的方差与协方差可被复制矩阵预测得到的量，是一种相对拟合指数。一般认为，GFI 值大于 0.90，表示模型路径图与实际数据有较好的适配度。调整后适配度指数（adjusted goodness-of fit index，AGFI），该数值越接近 1 表示模型的适配度越好，一般对其的判断标准为 AGFI 大于 0.90。增量拟合指数（incremental fit index，IFI）、规范拟合指数（normed fit index，NFI）、比较拟合指数（comparative fit index，CFI）数值大多介于 0 ~ 1，越接近 1 表示模型的适配度越好，一般而言，对 IFI、NFI、CFI 数值的判断标准为 0.90 以上。近似误差均方和平方根（root mean square error of approximation，RMSEA）是较好的绝对拟合指标，该值大于 0.1 表示模型的适配度欠佳，在 0.05 ~ 0.08 表示模型尚可，小于 0.05 表示模型适配度非常好。本研究将会参照如表 6 - 5 所示的整体模型适配度的评价标准。另外，本研究采用 AMOS6.0 软件进行验证性因子分析。

表 6 - 5　　模型适配度的评价标准

拟合指数	标准或临界值
χ^2 值	$P > 0.05$（未达显著水平）
χ^2/df 值	< 2.00
RMSEA 值	> 0.08（< 0.05 优良；< 0.08 良好）
GFI 值	> 0.90
AGFI 值	> 0.90
NFI 值	> 0.90
IFI 值	> 0.90
CFI 值	> 0.90
TLI 值	> 0.90

6.2.1 企业创新能力的验证性因子分析

首先，对企业创新能力的信度进行检验分析，结果如表 6－6 所示，组合信度为 0.876，大于 0.6，Cronbach's α 值为 0.819，大于 0.7，各指标通过的信度检验，说明变量测度的一致性较好。

表 6－6　　　　企业创新能力的信度检验结果（N＝258）

变量名称	题项代码	标准差	题项—总体相关系数	组合信度	Cronbach's α
企业创新能力	IC1	0.822	0.674	0.876	0.819
	IC2	0.886	0.705		
	IC3	0.920	0.703		
	IC4	0.812	0.656		
	IC5	0.784	0.656		

下面对企业创新能力进行验证性因子分析，测量模型及其拟合结果如图 6－1 和表 6－7 所示。

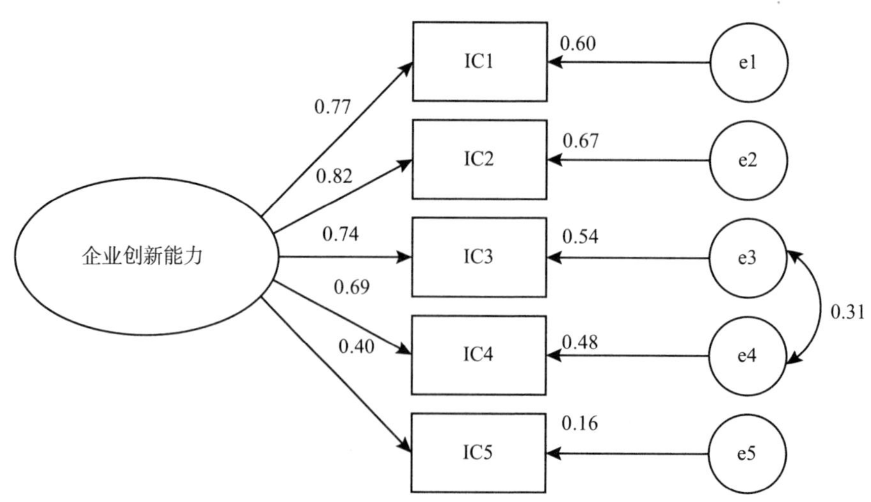

图 6－1　企业创新能力测量模型

表6－7　企业创新能力测量模型拟合结果

路径	非标准路径系数	标准路径系数	S. E.	C. R.	P
IC1←企业创新能力	1.000	0.773			
IC2←企业创新能力	1.139	0.818	0.096	11.912	***
IC3←企业创新能力	1.066	0.737	0.098	10.920	***
IC4←企业创新能力	0.882	0.691	0.087	10.177	***
IC5←企业创新能力	0.494	0.401	0.083	5.959	***
$\chi^2$1.776(P＝0.777＞0.05)	RMSEA	0.000	CFI	1.000	
df　4	NFI	0.996	GFI	0.997	
χ^2/df　0.444	TLI	1.012	IFI	1.005	

注：*** 表示显著性水平 P＜0.001。

在进行测量模型的初步验证时发现，IC3 和 IC4 的误差变量之间有共变关系，修正指数大于5，说明残差值有修正的必要，同时与理论和经验不存在矛盾，因此对模型进行了修正。

如图6－1和表6－7所示，企业创新能力的拟合结果表明，χ^2 值为1.776，自由度 df 为4，P值为0.777，大于0.05，因此，此模型是与实际数据可以契合，卡方自由度比值为0.444，小于2，表明模型可接受。NFI、TLI、CFI、GFI、IFI 的值均大于0.9，RMSEA 的值小于0.05，达到优良水平，路径系数在 P＜0.001 的水平上具有统计显著性，可见，该模型拟合效果较好，具有较好的建构效度。

6.2.2　交互意愿的验证性因子分析

首先，对企业创新能力的信度进行检验分析，结果如表6－8所示，组合信度为0.907，大于0.6，Cronbach's α 值为0.876，大于0.7，各指标通过的信度检验，说明变量测度的一致性较好。

表 6-8　　交互意愿的信度检验结果（N=258）

变量名称	题项代码	标准差	题项—总体相关系数	组合信度	Cronbach's α
交互意愿	IW1	0.921	0.749	0.907	0.876
	IW2	0.891	0.687		
	IW3	0.949	0.688		
	IW4	0.872	0.680		
	IW5	1.058	0.576		
	IW6	0.903	0.688		

下面对企业交互意愿进行验证性因子分析，测量模型及其拟合结果如图 6-2 和表 6-9 所示。

在进行测量模型的初步验证时发现，IW1 与 IW2、IW1 与 IW3 以及 IW5 与 IW6 的误差变量之间有共变关系，修正指数均大于 5，说明残差值有修正的必要，同时与理论和经验不存在矛盾，因此对模型进行了修正。

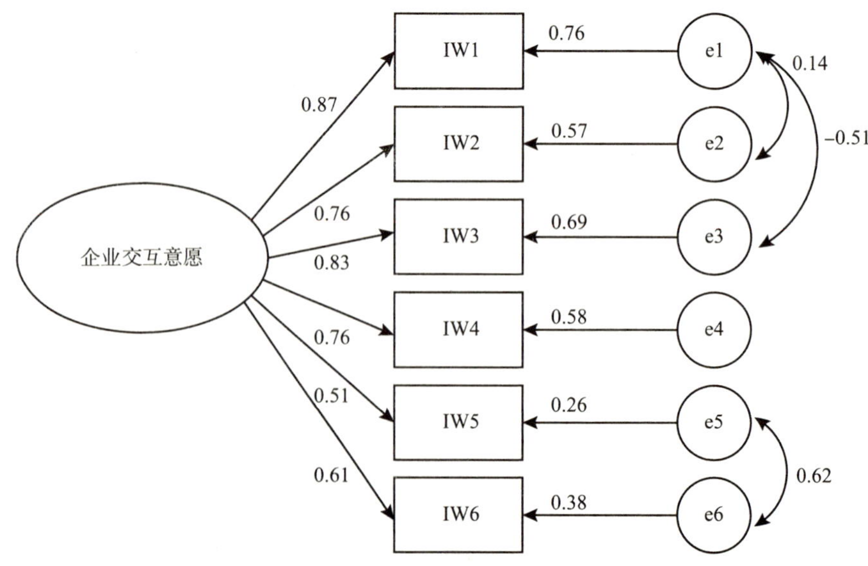

图 6-2　企业交互意愿测量模型

表 6-9　　企业交互意愿测量模型拟合结果

路径	非标准路径系数	标准路径系数	S. E.	C. R.	P
IW1←企业交互意愿	1.000	0.870			
IW2←企业交互意愿	0.842	0.757	0.060	14.016	***
IW3←企业交互意愿	0.986	0.832	0.080	12.326	***
IW4←企业交互意愿	0.828	0.761	0.070	11.809	***
IW5←企业交互意愿	0.669	0.506	0.085	7.893	***
IW6←企业交互意愿	0.690	0.612	0.072	9.596	***
$\chi^2$3.964(P=0.682>0.05)	RMSEA	0.000	CFI	1.000	
df　6	NFI	0.995	GFI	0.995	
χ^2/df　0.661	TLI	1.006	IFI	1.002	

注：*** 表示显著性水平 P<0.001。

如图 6-2 和表 6-9 所示，企业创新能力的拟合结果表明，χ^2 值为 3.964，自由度 df 为 6，P 值为 0.682，大于 0.05，因此，此模型是与实际数据可以契合的，卡方自由度比值为 0.661，小于 2，表明模型可接受。NFI、TLI、CFI、GFI、IFI 的值均大于 0.9，RMSEA 的值小于 0.05，达到优良水平，路径系数在 P<0.001 的水平上具有统计显著性，可见，该模型拟合效果较好，具有较好的建构效度。

6.2.3　知识匹配度的验证性因子分析

首先，对企业创新能力的信度进行检验分析，结果如表 6-10 所示，组合信度为 0.907，大于 0.6，Cronbach's α 值为 0.876，大于 0.7，各指标通过的信度检验，说明变量测度的一致性较好。

下面对企业交互意愿进行验证性因子分析，测量模型及其拟合结果如图 6-3 和表 6-11 所示。

表 6－10　　　　知识匹配度的信度检验结果（N＝258）

变量名称	题项代码	标准差	题项—总体相关系数	组合信度	Cronbach's α
知识匹配度	KM1	0. 888	0. 762	0. 922	872
	KM2	0. 922	0. 816		
	KM3	0. 822	0. 695		

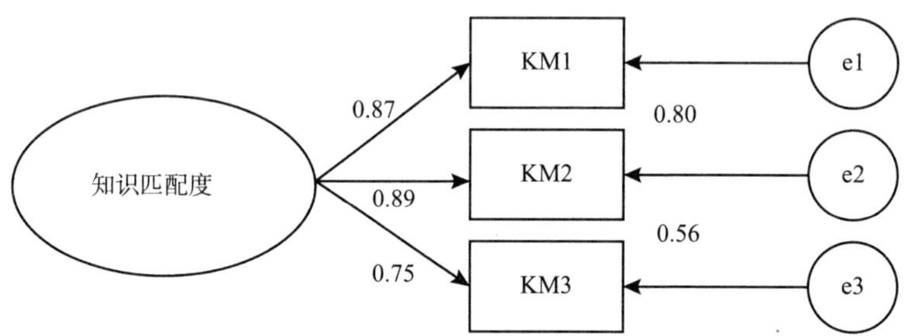

图 6－3　知识匹配度测量模型

表 6－11　　　　企业交互意愿测量模型拟合结果

路径	非标准路径系数	标准路径系数	S. E.	C. R.	P
KM1←知识匹配度	1. 000	0. 870			
KM2←知识匹配度	1. 000	0. 892			
KM3←知识匹配度	0. 767	0. 747	0. 051	15. 045	***
$\chi^2$0. 153（P＝0. 210＞0. 05）	RMSEA	0. 000	CFI	0. 989	
df　1	NFI	0. 987	GFI	0. 986	
χ^2/df　0. 153	TLI	0. 968	IFI	0. 989	

注：*** 表示显著性水平 P＜0. 001。

如图 6－3 和表 6－11 所示，企业创新能力的拟合结果表明，χ^2 值为 0. 153，自由度 df 为 1，P 值为 0. 21，大于 0. 05，因此，此模型是与实际数据可以契合的，卡方自由度比值为 0. 153，小于 2，表明模型可接受。NFI、TLI、CFI、GFI、IFI 的值均大于 0. 9，RMSEA 的值小于 0. 13，达到优良水平，路径系数在 $P<0.001$ 的水平上具有统计显著性，可见，该模型拟合效果较好，具有较好的建构效度。

6.2.4 企业交互关系数量的验证性因子分析

首先，对企业交互关系数量的信度进行检验分析，结果如表6-12所示，组合信度为0.922，大于0.6，Cronbach's α 值为0.872，大于0.7，各指标通过的信度检验，说明变量测度的一致性较好。

表6-12 企业交互关系数量的信度检验结果（N=258）

潜变量名称	题项代码	标准差	题项—总体相关系数	组合信度	Cronbach's α
企业交互关系数量	RN1	1.342	0.601	0.897	0.860
	RN2	1.320	0.689		
	RN3	1.260	0.578		
	RN4	1.250	0.777		
	RN5	1.311	0.606		
	RN6	1.192	0.658		

下面对交互关系数量进行验证性因子分析，测量模型及其拟合结果如图6-4和表6-13所示。

如图6-4和表6-13所示，企业创新能力的拟合结果表明，χ^2 值为5.265，自由度df为7，P值为0.628，大于0.05，因此，此模型是与实际数据可以契合的，卡方自由度比值为0.752，小于2，表明模型可接受。NFI、TLI、CFI、GFI、IFI的值均大于0.9，RMSE的值小于0.05，达到优良水平，路径系数在 $P<0.001$ 的水平上具有统计显著性，可见，该模型拟合效果较好，具有较好的建构效度。

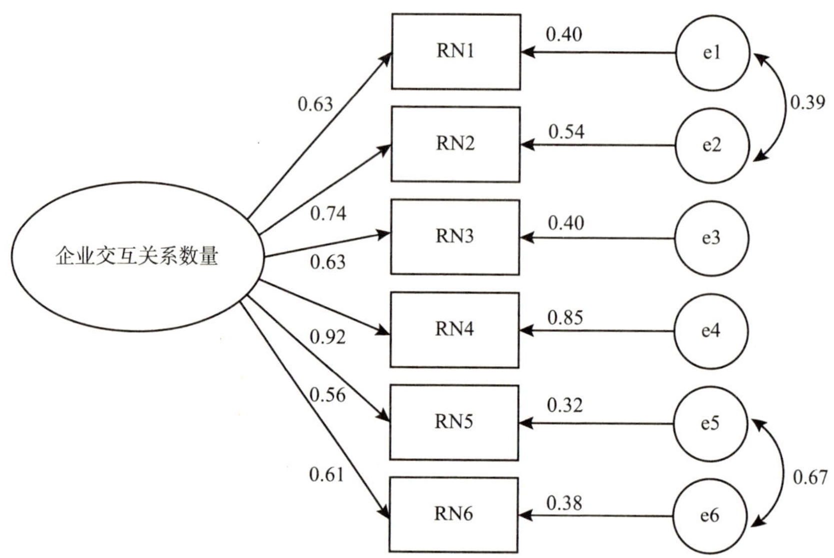

图6-4　企业交互关系数量测量模型

表6-13　企业交互关系数量测量模型拟合结果

路径	非标准路径系数	标准路径系数	S. E.	C. R.	P
RN1←企业交互关系数量	0.737	0.634	0.071	10.434	***
RN2←企业交互关系数量	0.843	0.737	0.067	12.658	***
RN3←企业交互关系数量	0.688	0.631	0.067	10.331	***
RN4←企业交互关系数量	1.000	0.924			
RN5←企业交互关系数量	0.638	0.561	0.069	9.186	***
RN6←企业交互关系数量	0.634	0.614	0.062	10.236	***
χ^2 5.265（P=0.628>0.05）	RMSEA	0.000	CFI	1.000	
df　7	NFI	0.993	GFI	0.993	
χ^2/df　0.752	TLI	1.000	IFI	1.000	

注：*** 表示显著性水平 P<0.001。

6.2.5　企业交互关系质量的验证性因子分析

首先，对企业交互关系数量的信度进行检验分析，结果如表 6－14 所示，组合信度最小的为 0.836，大于 0.6，Cronbach's α 值最小的为 0.786，大于 0.7，各指标通过的信度检验，说明变量测度的一致性较好。

表 6－14　企业交互关系质量的信度检验结果（N＝258）

二阶潜变量名称	一阶潜变量名称	题项代码	标准差	题项—总体相关系数	组合信度	Cronbach's α
企业交互关系质量	相互信任	IB3	1.013	0.524	0.836	0.813
		IB4	0.961	0.584		
	合作经验	CE1	0.818	0.606	0.847	0.830
		CE2	0.800	0.589		
		CE3	0.794	0.642		
	依赖程度	ID1	0.902	0.519	0.869	0.786
		ID2	0.913	0.584		
		ID3	0.960	0.509		

下面对交互关系数量进行验证性因子分析，测量模型及其拟合结果如图 6－5 和表 6－15 所示。

如图 6－5 和表 6－15 所示，企业创新能力的拟合结果表明，χ^2 值为 20.398，自由度 df 为 15，P 值为 0.157，大于 0.05，因此，此模型是与实际数据可以契合的，卡方自由度比值为 1.360，小于 2，表明模型可接受。NFI、TLI、CFI、GFI、IFI 的值均大于 0.9，RMSEA 的值小于 0.05，达到优良水平，路径系数在 $P<0.001$ 的水平上具有统计显著性，可见，该模型拟合效果较好，具有较好的建构效度。

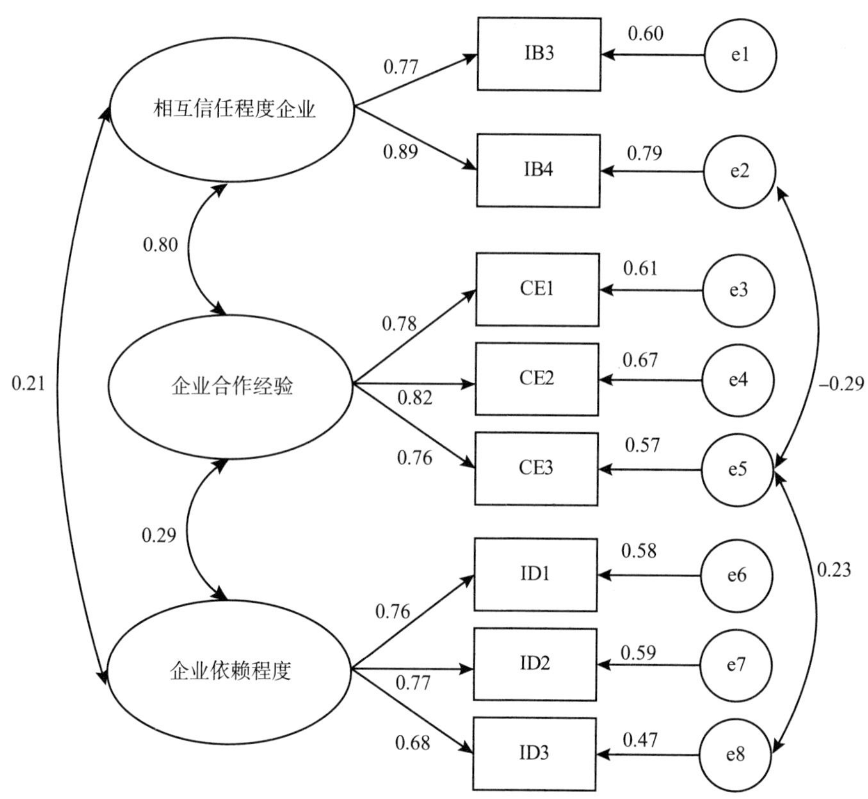

图 6-5　企业交互测量模型

表 6-15　企业交互关系质量测量模型拟合结果

路径	非标准路径系数	标准路径系数	S. E.	C. R.	P
IB3←相互信任程度	0.914	0.772	0.077	11.827	***
IB4←相互信任程度	1.000	0.889			
CE1←合作经验	0.975	0.783	0.073	13.269	***
CE2←合作经验	1.000	0.821			
CE3←合作经验	0.916	0.758	0.074	12.403	***
ID1←企业依赖程度	0.977	0.759	0.104	9.435	***
ID2←企业依赖程度	1.000	0.768			
ID3←企业依赖程度	0.922	0.682	0.101	9.093	***

续表

路径	非标准路径系数	标准路径系数	S. E.	C. R.	P
$\chi^2$20. 398 (P = 0. 157 > 0. 05)	RMSEA	0. 037	CFI	0. 994	
df 15	NFI	0. 977	GFI	0. 981	
χ^2/df 1. 360	TLI	0. 988	IFI	0. 994	

注：*** 表示显著性水平 P < 0. 001。

6. 2. 6 创新参与程度的验证性因子分析

首先，对创新参与程度的信度进行检验分析，结果如表6－16所示，组合信度最小的为0. 809，大于0. 6，Cronbach's α 值最小的为0. 788，大于0. 7，各指标通过的信度检验，说明变量测度的一致性较好。

表6－16 企业创新参与的信度检验结果（N = 258）

二阶潜变量名称	一阶潜变量名称	题项代码	标准差	题项—总体相关系数	组合信度	Cronbach's α
企业创新参与	参与时机	PO1	0. 882	0. 751	0. 826	0. 862
		PO2	0. 918	0. 754		
		PO3	0. 938	0. 707		
	参与程度	CE1	0. 921	0. 650	0. 809	0. 788
		CE2	0. 904	0. 550		

下面对创新参与程度进行验证性因子分析，测量模型及其拟合结果如图6－6和表6－17所示。

如图6－6和表6－17所示，创新参与程度的拟合结果表明，χ^2 值为2. 080，自由度df为3，P值为0. 556，大于0. 05，因此，此模型是与实际数据可以契合的，卡方自由度比值为0. 693，小于2，表明模型可接受。NFI、TLI、CFI、GFI、IFI的值均大于0. 9，RMSEA的值小于0. 05，达到优良水平，路径系数在P < 0. 001的水平上具有统计显著性，可见，该模型拟合效果较好，具有较好的建构效度。

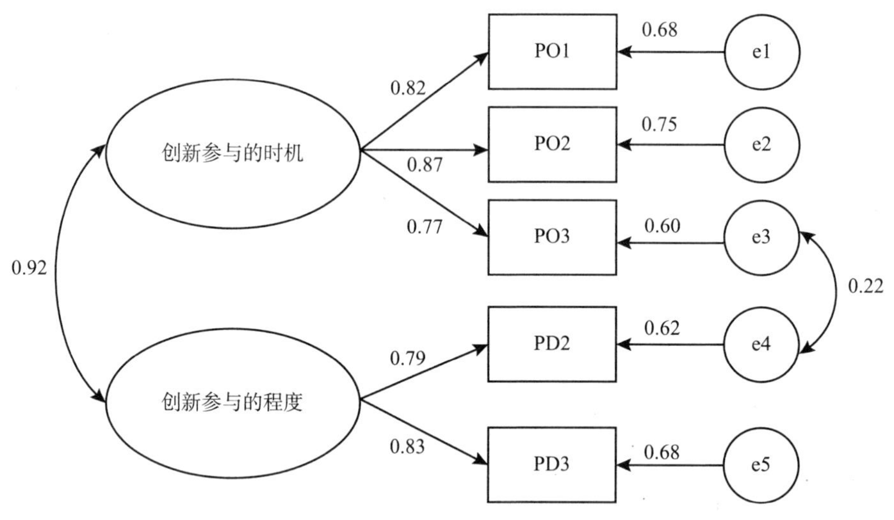

图 6－6　创新参与测量模型

表 6－17　创新参与测量模型拟合结果

路径	非标准路径系数	标准路径系数	S. E.	C. R.	P
PO1←创新参与时机	1. 000	0. 823			
PO2←创新参与时机	1. 096	0. 867	0. 070	15. 578	***
PO3←创新参与时机	0. 999	0. 774	0. 073	13. 638	***
PD2←创新参与程度	1. 000	0. 785			
PD3←创新参与时机	1. 034	0. 827	0. 080	12. 934	***
χ^2 2. 080（P＝0. 556＞0. 05）	RMSEA	0. 000	CFI	1. 000	
df　3	NFI	0. 997	GFI	0. 997	
χ^2/df　0. 693	TLI	1. 000	IFI	1. 001	

注：*** 表示显著性水平 P＜0. 001。

6. 2. 7　企业交互式学习的验证性因子分析

首先，对交互式学习的信度进行检验分析，结果如表 6－18 所示，组合信度最小的为 0. 645，大于 0. 6，Cronbach's α 值最小的为 0. 771，大于 0. 7，各指标通过的信度检验，说明变量测度的一致性较好。

表6-18　企业交互式学习的信度检验结果（N=258）

二阶潜变量名称	一阶潜变量名称	题项代码	标准差	题项—总体相关系数	组合信度	Cronbach's α
企业交互式学习	纵向交互式学习	VL1	0.816	0.532	0.645	0.771
		VL2	0.817	0.607		
		VL3	0.787	0.635		
		VL4	0.840	0.516		
	横向交互式学习	SL1	0.794	0.663	0.832	0.832
		SL2	0.867	0.682		
		SL3	0.777	0.720		
		SL6	0.783	0.578		
	与知识生产机构交互式学习	UL1	0.969	0.766	0.923	0.939
		UL2	0.949	0.829		
		UL3	0.970	0.796		
		UL5	0.969	0.820		
		UL6	1.015	0.850		
		UL7	0.987	0.771		
		UL8	0.932	0.760		
	与科技服务机构交互式学习	HL1	0.894	0.784	0.884	0.914
		HL2	0.907	0.792		
		HL3	0.895	0.793		
		HL4	0.817	0.784		
		HL5	0.893	0.733		
		HL6	0.927	0.657		

下面对创新参与程度进行验证性因子分析，测量模型及其拟合结果如图 6 –7 和表 6 –19 所示。

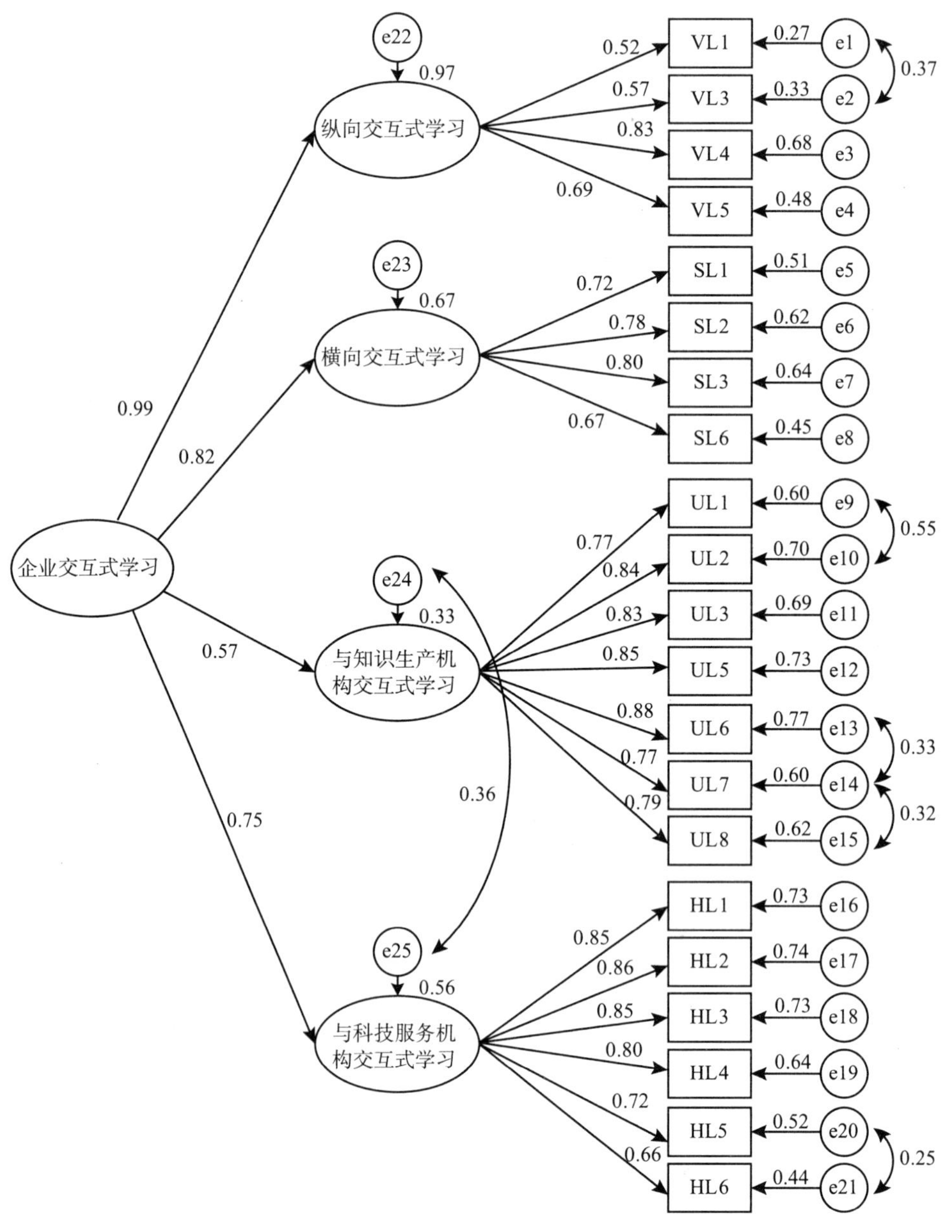

图 6 –7　企业交互式学习测量模型

表6-19 企业交互式学习测量模型拟合结果

路径	非标准路径系数	标准路径系数	S. E.	C. R.	P
纵向交互式学习←企业交互式学习	1.000	0.987			
横向交互式学习←企业交互式学习	0.784	0.816	0.081	9.696	***
与知识生产机构交互式学习←企业交互式学习	0.791	0.572	0.101	7.826	***
与科技服务机构交互式学习←企业交互式学习	0.905	0.746	0.093	9.769	***
VL1←纵向交互式学习	0.646	0.519	0.083	7.827	***
VL3←纵向交互式学习	0.721	0.575	0.079	9.160	***
VL4←纵向交互式学习	1.000	0.827			
VL5←纵向交互式学习	0.881	0.690	0.080	10.950	***
SL1←横向交互式学习	0.916	0.717	0.079	11.661	***
SL2←横向交互式学习	1.102	0.785	0.085	13.021	***
SL3←横向交互式学习	1.000	0.800			
SL6←横向交互式学习	0.852	0.667	0.080	10.674	***
UL1←与知识生产机构交互学习	0.849	0.771	0.056	15.277	***
UL2←与知识生产机构交互学习	0.897	0.837	0.051	17.688	***
UL3←与知识生产机构交互学习	0.896	0.832	0.051	17.530	***
UL5←与知识生产机构交互学习	0.929	0.855	0.050	18.450	***
UL6←与知识生产机构交互学习	1.000	0.876			
UL7←与知识生产机构交互学习	0.855	0.772	0.046	18.393	***
UL8←与知识生产机构交互学习	0.824	0.786	0.052	15.847	***
HL1←与科技服务机构交互学习	0.991	0.854	0.055	17.891	***
HL2←与科技服务机构交互学习	1.000	0.860			
HL3←与科技服务机构交互学习	0.981	0.852	0.056	17.618	***
HL4←与科技服务机构交互学习	0.825	0.797	0.053	15.479	***
HL5←与科技服务机构交互学习	0.822	0.719	0.062	13.239	***
HL6←与科技服务机构交互学习	0.790	0.664	0.066	12.002	***
$\chi^2$225.632(P=0.178>0.05)	RMSEA	0.061	CFI	0.957	
df 171	NFI	0.917	GFI	0.997	
χ^2/df 1.319	TLI	0.947	IFI	0.957	

注：*** 表示显著性水平 P<0.001。

如图6-7和表6-19所示，创新参与程度的拟合结果表明，χ^2 值为

225.632，自由度 df 为 171，P 值为 0.178，大于 0.05，因此，此模型是与实际数据可以契合的，卡方自由度比值为 1.319，小于 2，表明模型可接受。NFI、TLI、CFI、GFI、IFI 的值均大于 0.9，RMSEA 的值小于 0.08，达到良好水平，路径系数在 $P<0.001$ 的水平上具有统计显著性，可见，该模型拟合效果较好，具有较好的建构效度。

6.2.8 企业交互领导力的验证性因子分析

首先，对企业交互领导力的信度进行检验分析，结果如表 6-20 所示，组合信度最小的为 0.907，大于 0.6，Cronbach's α 值最小的为 0.863，大于 0.7，各指标通过的信度检验，说明变量测度的一致性较好。

表 6-20　企业交互领导力的信度检验结果（N=258）

潜变量名称	题项代码	标准差	题项—总体相关系数	组合信度	Cronbach's α
企业交互领导力	IL1	0.912	0.730	0.907	0.863
	IL2	0.826	0.706		
	IL3	0.819	0.733		
	IL4	0.778	0.678		

下面对创新参与程度进行验证性因子分析，测量模型及其拟合结果如图 6-8 和表 6-21 所示。

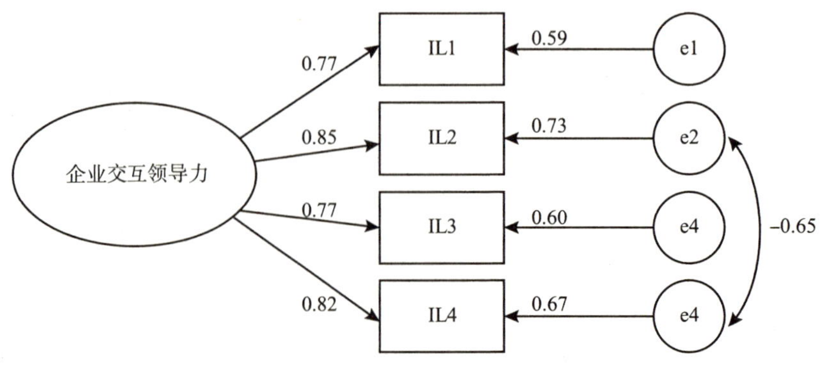

图 6-8　企业交互领导力测量模型

表6-21　企业交互领导力测量模型拟合结果

路径	非标准路径系数	标准路径系数	S. E.	C. R.	P
IL1←企业交互领导力	1.000	0.767			
IL2←企业交互领导力	1.006	0.852	0.081	12.365	***
IL3←企业交互领导力	0.904	0.773	0.069	13.181	***
IL4←企业交互领导力	0.912	0.821	0.078	11.711	***
$\chi^2$1.701(P=0.192>0.05)	RMSEA	0.052	CFI	0.999	
df　1	NFI	0.997	GFI	0.997	
χ^2/df　1.701	TLI	0.991	IFI	0.999	

注：*** 表示显著性水平 P<0.001。

如图6-8和表6-21所示，创新参与程度的拟合结果表明，χ^2值为1.701，自由度df为1，P值为0.192，大于0.05，因此，此模型是与实际数据可以契合的，卡方自由度比值为1.701，小于2，表明模型可接受。NFI、TLI、CFI、GFI、IFI的值均大于0.9，RMSEA的值小于0.08，达到良好水平，路径系数在P<0.001的水平上具有统计显著性，可见，该模型拟合效果较好，具有较好的建构效度。

6.3　假设检验及分析

通过对各个潜变量信度和效度检验，下面本研究将采用多元线性回归的方法来探究企业交互性对创新能力作用机理并检验前述的理论假设。

6.3.1　相关分析

研究中涉及的变量是否具有相关关系是进行进一步多元回归分析的前提。因此，在回归分析之前，先对回归分析涉及的变量进行相关分析。从表6-22可以看出，各个解释变量与被解释变量企业创新能力之间都有显著

表 6－22　研究主要变量的均值、标准差以及相关系数

	1	2	3	4	5	6	7	8	9	10	11	12	13	14	15	16	17
1. 企业成立年限																	
2. 企业规模	0.353**																
3. 行业类别	-0.090*	0.147*															
4. 企业交互意愿	0.125*	0.198**	0.067														
5. 知识匹配度	0.206**	0.191**	0.157*	0.697**													
6. 交互关系数量	0.273**	0.189**	0.085	0.276**	0.390**												
7. 相互信任程度	0.150*	0.067	0.013	0.483**	0.504**	0.245**											
8. 合作经验	0.148*	0.138*	0.074	0.636**	0.650**	0.322**	0.644**										
9. 依赖程度	-0.139*	0.062	0.224**	0.216**	0.272**	0.126*	0.152*	0.258**									
10. 创新参与时机	0.012	0.111	0.187**	0.312**	0.361**	0.321**	0.295**	0.344**	0.605**								
11. 创新参与程度	0.031	0.050	0.092	0.381**	0.398**	0.381**	0.355**	0.397**	0.531**	0.771**							
12. 纵向交互式学习	0.231**	0.213**	0.018	0.662**	0.608**	0.322**	0.419**	0.539**	0.210**	0.277**	0.362**						
13. 横向交互式学习	0.080	0.106	0.092	0.564**	0.630**	0.221**	0.383**	0.628**	0.285**	0.253**	0.321**	0.683**					
14. 与知识生产机构交互式学习	0.038	0.100	0.220**	0.431**	0.505**	0.384**	0.378**	0.518**	0.330**	0.482**	0.510**	0.441**	0.396**				
15. 与科技服务机构交互式学习	0.135*	0.194**	0.161**	0.579**	0.646**	0.472**	0.514**	0.625**	0.320**	0.487**	0.566**	0.601**	0.571**	0.603**			
16. 交互领导力	0.123*	0.252**	0.046	0.590**	0.564**	0.340**	0.483**	0.602**	0.193**	0.338**	0.447**	0.596**	0.540**	0.488**	0.697**		
17 企业创新能力	0.094	0.153*	0.042	0.579**	0.547**	0.366**	0.417**	0.507**	-0.150*	0.275**	0.358**	0.461**	0.418**	0.452**	0.535**	0.519**	
平均值（Mean）	13.45	9.10	0.46	3.66	3.52	2.51	3.20	3.58	3.15	3.03	3.05	3.62	3.59	3.09	3.34	3.34	3.19
标准差（SD）	9.884	3.003	0.449	0.731	0.784	0.981	0.906	0.694	0.774	0.808	0.829	0.627	0.657	0.830	0.742	0.703	0.647

注：N＝258；** 表示显著性水平 $P<0.01$（双尾检验），* 表示显著性水平 $P<0.05$（双尾检验）。

的关系，调节变量交互领导力和解释变量及被解释变量之间也有显著的相关关系，这样的结果和假设的预期不矛盾。后文会采用多元回归分析对解释变量、被解释变量和调节变量之间的影响机理作进一步更加精确的验证。

6.3.2　回归分析数据的检验

应用多元线性回归分析时，所要分析的数据需要一定的基本假定，主要有符合正态性、没有多重共线性关系、没有序列相关性、没有异方差性（马庆国，2002；邱皓政，2005）。是否存在非正态性问题，在上文中已经做过检验，样本数据符合正态性，结果见附录 3。下面对其他三类问题进行检验。

（1）多重共线性问题检验

多元共线性问题，一般是指自变量之间高度相关（相关系数 >0.7 以上），在多元回归分析中，变量间的最佳关系为自变量与因变量之间中高度相关，而自变量之间呈中度或低度相关。从上文中的相关关系系数表中可以初步判断，自变量之间不存在多重共线性。另外多重共线性问题通常可以采用方差膨胀因子（variance inflation factor，VIF）来检测，当 $0 < VIF < 10$ 时，不存在多重共线性；当 $10 \leqslant VIF < 100$ 时，存在较严重的多重共线性；当 $VIF \geqslant 10$ 时，存在很严重的多重共线性。经检验，本研究各个回归模型中的 VIF 指数均大于 0 且小于 10，因此，可以判定自变量之间不存在多重共线性。

（2）序列相关问题检验

序列相关是指不同期的样本值之间有相关关系。对序列相关问题的检验通常采用 DW 值来判断，一般认为 DW 值在 1.5 ~ 2.5 之间，就认为不存在序列相关。经检验，本研究各回归模型的 DW 值都接近于 2，因此，可以判断本研究中各模型不存在序列相关问题。

（3）异方差问题检验

特定自变量水平的残差项，除了应该呈现随机化的正态分布外，其变异量应相等。由于异方差的存在，残差的大小会随自变量的大小而变化。对异方差的检验，通常可以用散点图的方式来简单判断是否存在异方差，具体的做法是，以回归的标准化残差为纵坐标，回归式中的解释变量的标准化值为横坐标，画散点图。如果散点图表现出一定的趋势，则可以判断存在异方差。通过此种方法，经检验，本研究中各模型中的散点图都呈现无序状态，因此，判断不存在异方差问题。

6.3.3 研究假设的检验

接下来将采用多元线性回归分析来验证企业交互性对创新能力的影响以及调节变量的作用。

（1）企业交互性对创新能力的影响的验证

本研究采用逐步多元回归的方法，分四步进行：第一步（模型 1）：控制变量回归分析，检测控制变量和被解释变量之间的关系；第二步（模型 2）：在模型 1 的基础上，加入交互的前提和基础相关变量，包括企业交互意愿、知识匹配度；第三步（模型 3）：在模型 2 的基础上，加入交互关系相关变量，包括交互关系数量、交互关系质量涉及变量（相互信任程度、合作经验、依赖程度）；第四步（模型 4）：在模型 3 的基础上，加入交互行为相关变量，包括创新参与涉及变量（参与时机、参与程度）、交互式学习涉及变量（纵向交互式学习、横向交互式学习、与知识生产机构交互式学习、与科技服务部门交互式学习）。模型 2、模型 3、模型 4 用来检验企业交互性对企业创新能力的影响作用。

由表 6－23 可以看出，模型 2 的 R^2 值较模型 1 有显著性提高（$p < 0.001$），这说明企业交互关系和交互行为的前提和基础，即企业交互意愿和知识匹配度对企业创新能力有重要的解释作用。其中，企业交互意愿的回归系数为正且显著异于 0（$p < 0.001$），这意味着企业的交互意愿对企业创新能力的提升有显著的正向影响，因而假设 H1 通过验证；知识匹配度的回归系数为正且显著异于 0（$p < 0.001$），这意味着知识匹配度对企业创新能力的提升有显著的正向影响，因而假设 H2 通过验证。

表6-23 企业交互性对创新能力作用机制回归分析

变量	模型1		模型2		模型3		模型4	
	回归系数	标准误差	回归系数	标准误差	回归系数	标准误差	回归系数	标准误差
常数项	2.877***	0.131	1.108***	0.182	0.957***	0.208	0.957***	0.224
Step 1：控制变量								
企业成立年限	0.002	0.004	0.002	0.004	0.006	0.004	0.005	0.004
企业规模	0.030*	0.015	0.017†	0.009	0.013†	0.007	0.012†	0.007
行业类别	0.031	0.082	0.049	0.067	0.048	0.006	0.067	0.070
Step 2：交互前提与基础								
企业交互意愿			0.331***	0.062	0.279***	0.064	0.261***	0.069
知识匹配度			0.240***	0.059	0.143*	0.063	0.131*	0.071
Step 3：交互关系								
企业交互关系数量					0.122**	0.036	0.083*	0.039
企业交互关系质量								
相互信任程度					0.160**	0.056	0.153**	0.054
合作经验					0.124**	0.045	0.119**	0.044
依赖程度					-0.129*	0.057	-0.108*	0.055
Step 4：交互行为								
创新参与								
创新参与时机							0.044	0.067
创新参与程度							0.201*	0.092
交互式学习								
纵向交互式学习							0.131*	0.062
横向交互式学习							0.099	0.071
与知识生产机构交互式学习							0.100*	0.042
与科技服务机构交互式学习							0.092	0.077
R^2	0.024		0.378		0.535		0.639	
ΔR^2	0.024		0.353		0.155		0.103	
ΔF	2.114		71.521***		71.333***		71.393***	
F	2.114		30.582***		20.136***		12.865***	

注：N=258，被解释变量为企业创新能力，*** 表示显著性水平 P<0.001（双尾检验），** 表示显著性水平 P<0.01（双尾检验），* 表示显著性水平 P<0.05（双尾检验），† 表示显著性水平 P<0.1（双尾检验）。

同样，模型3的R^2值较模型2有显著性提高（$p<0.001$），这说明企业交互关系对企业创新能力有重要的解释作用。其中，交互关系数量回归系数为正且异于0($p<0.01$)，意味着企业交互关系数量对企业创新能力有显著的正向影响，因而假设H3通过验证；相互信任程度回归系数为正且异于0($p<0.01$)，意味着相互信任程度对企业创新能力有显著的正向影响，因而假设H4a通过验证；合作经验回归系数为正且异于0($p<0.01$)，意味着相互信任程度对企业创新能力有显著的正向影响，因而假设H4b通过验证；企业依赖程度回归系数为负，并且异于0($p<0.05$)，意味着企业依赖程度对企业创新能力有显著的负向影响，因而假设H4c通过验证；因此，假设4企业关系质量对企业创新能力有显著影响的假设通过验证。

类似地，模型4的R^2值较模型3有显著性提高（$p<0.001$），这说明企业交互行为，包括创新参与和交互式学习，它们对企业创新能力有重要的解释作用。其中，创新参与时机回归系数为0.044，不显著，不能排除异于0，意味着创新参与时机对企业创新能力没有显著的正向影响，因而假设H5a没有通过验证；创新参与程度的回归系数为正，并且异于0($p<0.05$)，意味着创新参与程度对企业创新能力有显著的正向影响，因而假设H5b通过验证；因此，假设H5创新参与对企业创新能力有显著影响，部分通过验证。纵向交互式学习的回归系数为正，并且异于0($p<0.05$)，意味着纵向交互式学习对企业创新能力有显著的正向影响，因而假设H6a通过验证；横向交互式学习的回归系数为0.099，并且不显著，也不能排除异于0，意味着横向交互式学习对企业创新能力没有显著的正向影响，因而假设H6b没有通过验证；与知识生产机构间的交互式学习的回归系数为正，并且异于0($p<0.05$)，意味着与知识生产机构间的交互式学习对企业创新能力有显著的正向影响，因而假设H6c通过验证；与科技服务机构间的交互式学习的回归系数为0.092，并且不显著，也不能排除异于0，意味着与科技服务机构间的交互式学习对企业创新能力没有显著的正向影响，因而假设H6d没有通过验证；因此，假设H6交互式学习对企业创新能力有显著影响，部分通过验证。

（2）交互领导力调节作用的验证

依然采用逐步多元回归的方法，分别对交互领导力的调节作用进行验证。

首先，验证交互领导力对创新参与的调节作用。研究分三步进行：第一步（模型 1）：控制变量回归分析，检验控制变量和被解释变量之间的关系；第二步（模型 2）：在模型 1 的基础上，加入创新参与这一潜变量，检验创新参与对企业创新能力的影响；第三步（模型 3）：在模型 2 的基础上，加入创新参与 × 交互领导力的交互项，检验其对企业创新能力的影响作用。

由表 6 - 24 可以看出，模型 2 的 R^2 值较模型 1 有显著性提高（$p<0.001$），这说明创新参与对企业创新能力有重要的解释作用，创新参与的回归系数为正且显著异于 0（$p<0.001$），这意味着创新参与对企业创新能力的提升有显著的正向影响，这再次验证了假设 H5。模型 3 的 R^2 值较模型 2 有显著性提高（$p<0.05$），这说明交互项创新参与 × 交互领导力对企业创新能力有重要的解释作用，交互项的回归系数为正且显著异于 0（$p<0.001$），这意味着交互项对企业创新能力的提升有显著的正向影响，说明交互领导力对创新参与对企业创新能力影响的正向调节作用的假设是成立的，因而假设 H7a 通过验证。

表 6 - 24　　企业交互领导力对创新参与的调节作用

变量	模型 1		模型 2		模型 3	
	回归系数	标准误差	回归系数	标准误差	回归系数	标准误差
常数项	2.877***	0.131	2.948***	0.125	3.013***	0.127
Step 1：控制变量						
企业成立年限	0.002	0.004	0.002	0.004	0.001	0.004
企业规模	0.030*	0.015	0.026†	0.013	0.023†	0.011
行业类别	0.031	0.082	0.029	0.057	0.036	0.078
Step 2：自变量						
创新参与			0.293***	0.054	0.278***	0.054
Step 3：交互性						
创新参与 × 交互领导力					0.113*	0.051
R^2	0.024		0.126		0.144	
ΔR^2	0.024		0.102		0.018	
ΔF	2.114		29.468***		5.184*	
F	2.114		9.130***		8.462***	

注：N = 258，被解释变量为企业创新能力，*** 表示显著性水平 $P<0.001$（双尾检验），** 表示显著性水平 $P<0.01$（双尾检验），* 表示显著性水平 $P<0.05$（双尾检验），† 表示显著性水平 $P<0.1$（双尾检验）。

其次，验证交互领导力对交互式学习的调节作用。研究分三步进行：第一步（模型1）：控制变量回归分析，检验控制变量和被解释变量之间的关系；第二步（模型2）：在模型1的基础上，加入交互式学习这一潜变量，检验交互式学习对企业创新能力的影响；第三步（模型3）：在模型2的基础上，加入交互式学习×交互领导力这一交互项，检验其对企业创新能力的影响作用，从而去验证交互领导力对交互式学习和企业创新能力之间关系的调节作用。

由表6－25可以看出，模型2的 R^2 值较模型1有显著性提高（$p<0.001$），这说明创新参与对企业创新能力有重要的解释作用，创新参与的回归系数为正且显著异于0（$p<0.001$），这意味着交互式学习对企业创新能力的提升有显著的正向影响，这再次验证了假设H6。模型3的 R^2 值较模型2有显著性提高（$p<0.001$），这说明交互项交互式学习×交互领导力对企业创新能力有重要的解释作用，交互项的回归系数为正且显著异于0（$p<0.05$），这意味着交互项对企业创新能力的提升有显著的正向影响，说明交互领导力在交互式创新对企业创新能力影响作用关系中的正向调节作用的假设是成立的，因而假设H7b通过验证。至此，也验证了假设7是成立的。

表6－25　　企业交互领导力对交互式学习的调节作用

变量	模型1		模型2		模型3	
	回归系数	标准误差	回归系数	标准误差	回归系数	标准误差
常数项	2.877***	0.131	3.121***	0.112	3.115***	0.114
Step 1：控制变量						
企业成立年限	0.002	0.004	0.002	0.004	0.001	0.004
企业规模	0.030*	0.015	0.013†	0.007	0.012†	0.007
行业类别	0.031	0.082	0.053	0.069	0.054	0.070
Step 2：自变量						
交互式学习			0.593***	0.057	0.604***	0.064

续表

变量	模型1		模型2		模型3	
	回归系数	标准误差	回归系数	标准误差	回归系数	标准误差
Step 3：交互性						
交互式学习×交互领导力					0.092 *	0.040
R^2	0.024		0.317		0.331	
ΔR^2	0.024		0.293		0.014	
ΔF	2.114		108.593 ***		114.68 ***	
F	2.114		29.406 ***		23.471 ***	

注：N=258，被解释变量为企业创新能力，*** 表示显著性水平 $P<0.001$（双尾检验），** 表示显著性水平 $P<0.01$（双尾检验），* 表示显著性水平 $P<0.05$（双尾检验），† 表示显著性水平 $P<0.1$（双尾检验）。

另外，有必要解释一下，作为二阶潜变量的创新参与和交互式学习，它们的数据来源的处理遵循了温忠麟（2012）的做法，二阶因子在使用的数据是在一阶因子获取因子得分之后，再乘以各自的因子贡献率，进而得到的综合得分，这样相对合理，而且解决了交互项的两个变量先要数据标准化的问题，同时也就避免了交互项的加入可能产生共线性问题。

6.4　本章小结

本章在第4章提出的上、下游关系嵌入性对企业探索型学习影响机制的概念模型与研究假设基础上，对第5章形成的调查问卷进行了数据收集，共计收集了258个制造企业的相关数据，并运用效度和信度检验以及多元统计回归等方法进行分析验证，深入探讨了企业交互性对探索型学习的影响关系及交互领导力在其中的调节作用。实证研究结果如表6－26所示。

表 6-26　研究假设验证情况汇总

编号	研究假设	验证结果
H1	企业交互意愿越是强烈，越是有助于提高企业创新能力	通过
H2	企业和交互对象的知识匹配性越好，越是有助于提高企业创新能力	通过
H3	企业的交互关系数量越多，越有利于企业创新能力的提高	通过
H4	企业与外部相关主体的关系质量对企业创新能力有显著影响	通过
H4a	企业与交互对象的信任度越高，越有利于企业创新能力的提高	通过
H4b	企业与交互对象的合作经验越丰富，越有利于企业创新能力的提高	通过
H4c	企业对交互对象的依赖程度越高，越不利于企业创新能力的提高	通过
H5	企业与外部相关主体的创新参与对企业创新能力的提高有显著影响	部分通过
H5a	外部相关主体参与创新的时机越早，越有利于企业创新能力的提高	未通过
H5b	外部相关主体参与创新的程度越深，越有利于企业创新能力的提高	通过
H6	企业与外部相关主体的交互式学习对企业创新能力的提高有显著影响	部分通过
H6a	企业间纵向交互式学习对企业创新能力有显著的正向影响	通过
H6b	企业间横向交互式学习对企业创新能力有显著的正向影响	未通过
H6c	企业与知识生产机构的交互式学习对企业创新能力有显著正向影响	通过
H6d	企业与科技服务机构之间的交互式学习对企业创新能力有显著的正向影响	未通过
H7	企业的交互领导力越强，越有利于企业交互行为对企业创新能力的正向影响作用	通过
H7a	企业交互领导力越强，创新参与对企业创新能力的作用越大	通过
H7b	企业交互领导力越强，交互式学习对企业创新能力的作用越大	通过

总体来看，企业交互意愿、知识匹配度、交互关系、交互行为对企业创新能力影响都比较显著。其中，多数解释变量和被解释变量之间是正向关系，但也有特殊情况，企业依赖程度对创新能力起到负向影响作用，另外，交互行为中，参与时机、横向交互是学习以及与科技服务部门交互式学习对企业创新能力的作用不显著。

第 7 章

研究结论与展望

经过前六章的论述，本研究已对企业交互性和企业创新能力之间作用机理以及交互领导力的调节作用进行了较为系统、深入的研究分析。本章将对前文的研究进行总结，阐明本研究的主要结论、理论贡献与实践启示，并在此基础之上，对本研究存在的局限和不足进行说明，同时也指出未来的研究方向。

7.1 研究结论

本研究围绕“企业交互性如何影响企业创新能力”这一命题，综合运用理论研究、大样本统计研究等一系列研究方法及 SPSS 和 AMOS 等数理统计工具，把定性分析与定量分析有机结合，通过三个层次循序渐进地展开论述，最后解答了本书的研究命题。第一层次，什么是企业交互性；第二层次，企业交互性的理论结构如何；第三层次，企业交互性对企业创新能力作用机理是怎样的。

基于对 258 家制造型企业问卷调查的实证研究表明，企业交互性对企业创新能力有显著性影响，与连建新等（2012）采用仿真研究方法研究知识交互作用对技术创新能力的影响得出的结论相吻合，即通过对知识交互作用效果的划段分析得出结论，认为企业独立创新比联合创新增量缓慢了很多；

企业通过创新联盟成员之间的知识交互作用，相比独自开展创新活动，企业的创新能力有明显的提高。本研究结论的具体内容如下：

（1）企业交互的前提和基础对企业创新能力有显著影响作用

企业的交互意愿是企业建立交互关系和实施交互行为的前提，企业的交互意愿越强，越有利于企业创新能力的提高。基于知识的交互意愿是影响企业创新能力的主观因素，一个企业的交互意愿越强，它对待创新的态度就越积极，就越容易接受新思想、新观点、新知识，进而会更愿意通过和外部不同主体进行知识的交互，从而获取新的知识并有益于应用新知识，因此有助于企业创新能力的提高，这与萨尔特曼等（1973）、赫尔利和霍特（1998）、拉马尼和库玛（2008）等观点是一致的。

企业与交互对象的知识匹配度越高越有利于企业创新能力的提升。这与哈默尔（Hamel，1991）、莱恩和鲁巴特金（Lane & Lubatkin，1998）等对知识距离研究的观点是一致的，当企业和交互对象的知识背景有较大差距时，技术知识的转移可能较难实现，需要通过多次反复的中间步骤才能够完成学习过程，但同时，知识距离如果较小，知识的互补性差，对企业的技术创新的价值就不大。

（2）企业交互关系对企业创新能力有显著影响作用

当企业和更多数量的外部不同主体产生交互关系时，企业获得外部知识的渠道也就越多，越有助于企业创新能力的提高（Rodan & Galunic，2004；Sammarra & Biggiero，2008），这与本研究关于企业的交互关系数量对企业的创新能力有正向影响的结论相吻合。企业交互关系质量方面，本研究证实企业与交互对象之间的信任程度越高越有利于企业创新能力的提升，相互信任程度高意味着彼此之间更能够坦诚相待，能够加大合作深度，使交互各方更加愿意交换知识和共同解决问题，有利于企业技术创新绩效的提升，这与莱文和克罗斯（Levin & Cross，2004）、卡帕尔多（Capaldo，2007）、古拉蒂和尼克森（Gulati & Nickerson，2008）的观点是一致的；企业与交互对象合作经验越丰富，越有利于企业创新能力的提高，一个常与组织外部进行联系、具有较多合作经验的企业，善于把外界获取的新知识应用于新的领域，通过运用这些新知识和新想法，可以拓宽解决问题的思路，进而促进新产品的产生；企业对交互对象的依赖程度越高，越不利于企业创新能力的提高，高度的依赖性会产生技术知识信息的循环流动和流动冗余，并导致关系成员间技术结构的趋同性，这些都会降低企业的技术创新能力。

（3）企业交互行为对企业创新能力有显著影响作用

就创新参与而言，研究结果表明，创新参与程度对企业创新能力有显著的正向影响，让企业外部相关主体参与产品创新过程，彼此之间多加沟通交流，加深了解，将会有利于识别对产品创新有用的知识，从而提高企业的创新能力，这也再次印证了霍布戴（Hobday，2000）、卡尔和皮尔森（Carr & Pearson，1999）、约翰逊等（Johnsen et al.，2006）等学者的研究结论。许多有关供应商参与的研究（Barlow，2000；Nishiguchi & Ikeda，1996；Wasti & Liker，1999）表明供应商参与对制造企业的创新能力与绩效都有很大的推动作用，供应商参与产品创新程度如何将显著影响制造商的技术创新能力；一些关于客户参与创新的研究（Fang，2008；Gerwin，2004；Lagrosen，2005）表明当顾客的参与程度较深时，企业就难以离开他们而开展单独的创新活动，因而会通过各种措施鼓励客户不断贡献自己的独特信息和知识等，这必然导致新产品的创新性大为增加，其创新能力得以提高，这些与本研究的结论是一致的。

就交互式学习而言，对于企业在创新过程中交互行为的学习活动，在前人的研究基础之上，本研究构建了企业的交互式学习模型，并通过二阶因子分析，检验了企业与相关主体之间交互式学习的基本组成，支持了交互式学习结构模型的合理性，即企业的交互式学习包括纵向交互式学习、横向交互式学习、与知识生产机构之间的交互式学习和与科技服务机构之间交互式学习，这也支持了哈堪森（1989）、费希尔（1999）、库克（2002）等学者对于交互式学习基本组成的观点。接着，通过实证研究结果表明，在创新过程中，企业交互式学习对创新能力有显著影响。具体来看，与客户、供应商之间的纵向交互式学习对企业创新能力有显著正向影响。企业与客户、供应商等外部组织的交互式学习，能够促使及时获取外部资源和市场需求信息，快速应对市场和客户变化，促进企业技术创新的发展；与大学及科研院所等知识生产机构之间的交互式学习对企业创新有显著正向影响，这与罗伯特森和嘉蒂龙（Robertson & Gatignon，1998）、代尔和辛格（Dyer & Singh，1998）、考夫曼和托特林（Kaufmann & Todtling，2002）等学者的观点是一致的。

（4）企业交互领导力对企业交互行为与企业创新能力间关系起到调节作用

交互领导力代表了企业的领导能力和影响力，能够直接作用于成员企业或机构的交互行为，使得成员企业或机构主动追随并乐于为了共同的利益而努力，实质内容和企业间领导力相同。本研究证实了交互领导力越强，越有利于创新参与对企业创新能力的正向影响作用；交互领导力越强，越有利于企业交互式学习对企业创新能力的正向影响作用。交互领导力在这里起到了显著的调节作用。

7.2 理论贡献和实践启示

本研究以企业在创新过程中的交互性为出发点，以提升企业创新能力为导向，深入剖析了企业交互性、交互领导力及企业创新能力之间的关系，具有一定的理论前沿探索性和现实问题针对性。

7.2.1 理论贡献

本书通过对企业交互性对企业创新能力作用机理的研究，架起了商业交互理论和企业创新能力理论之间联系的桥梁，对相关理论研究进行了拓展与深化，主要理论贡献包括以下几个方面：

（1）对商业交互理论从知识交互的视角做了有益的补充和扩展

系统分析了企业在创新过程中的交互特性，以知识交互为核心内容，分别从交互意愿、知识匹配度、交互关系和交互行为四个主要维度对企业交互性进行了深入的解构，进一步明确了在企业创新过程中，企业交互性是什么，企业和外部相关主体之间进行交互的条件以及从哪些方面进行交互。这是对基于资源交互模型（Håkansson & Ford，2002）和行为—资源—参与主体（activity-resource-actor，ARA）交互模型（Håkansson，1987）的有益补充和扩展。

（2）对交互式创新理论进行了验证和深入探讨

在系统阐释企业交互性的基础上，实证分析了企业交互性对企业创新能力的作用机理，进一步验证了企业在创新过程中，与外部相关主体的交互关系及交互行为对企业自身创新能力有显著的影响，这是克莱恩和罗森伯格（1986）、罗斯威尔（1994）、阿什海姆和库克（1999）、道劳勒和帕托（Doloreux & Parto，2005）、徐（2005）、哈堪森和格鲁普（Håkansson & Group，2009）等关于交互范式视角的创新模式研究的延续。另外，深入探讨了交互关系和交互行为对企业创新能力的作用机理，特别是，将交互关系划分为交互关系数量和质量两个方面，将交互式学习解析为四个方面，分别探讨了它们对企业创新能力的影响，这样既丰富了交互关系和交互式学习的研究内容，也深化了交互式创新的内在机理。

（3）丰富了企业间领导力理论的相关研究

交互领导力是企业间领导力的衍生，本研究提出交互领导力是企业交互行为与企业创新能力间关系的调节变量，此命题本属于探索性研究，开辟了企业间领导力理论应用新的领域，是对该理论内容一次有益的补充。

7.2.2　实践启示

本书的研究结论可以为企业管理人员提供管理依据，同时企业还可以应用本研究所提出的分析方法，结合企业自身实践，对本企业的交互性进行诊断，识别对本企业创新能力影响较大的因素作为企业创新管理活动的重点。可以根据具体情况，有选择地采取以下措施：

（1）在企业创新过程中，提高企业员工的交互意愿

提高企业的交互意愿，将有助于企业创新能力的提高。企业有没有交互意愿及交互意愿程度如何，一方面，与企业所处的外部环境有关，企业处在一个高度竞争的经营环境下，那么它就会愿意通过和外部进行不断的互动，去获取有用的知识进行创新来应对竞争激烈的经营环境，此时，企业更加愿意和客户进行互动交流，识别顾客需求的变化，通过不断创新来满足市场，

也就是说企业的交互意愿是强烈的。另一方面，与企业自身的经营理念有关，具有开放的、互动导向的经营理念时，企业鼓励员工更多地与外部不同的主体进行交流互动，更加有利于企业获取外部知识，更加有益于创新。因此，提高企业的交互意愿，除了与客观环境有关外，企业树立交互导向的经营理念至关重要。

（2）在企业创新过程中，优选匹配度高的企业互动合作

企业在创新过程中，知识匹配度的高低体现在企业与交互对象之间知识势差、双方的知识存量、技术水平等方面的差异，如果双方差距过大，企业很难将所获取的新知识应用到本企业中。只有双方的知识达到一定的匹配度，企业才能够较好地实现新知识的转移和吸收。因此，企业在创新过程中进行交互时，要充分考虑的是企业间的知识距离或技术差距，以确定相互之间的知识资源是否存在互补性，一般来说，在一定范围内，知识势差越大，资源互补性越强，合作价值越高；但若知识势差超过一定范围时，企业在吸收应用外部知识时就会“无能为力”。

（3）在企业创新过程中，优化和外部相关主体的交互关系

第一，在企业条件允许的条件下，应该多与外部相关主体建立互动关系。交互对象的多元化和相对较多的数量，将有利于企业面临更多可选择的异质性知识和交互对象。第二，培育企业与外部相关主体的信任机制。随着企业与外部不同主体交往程度的加深，特别是企业网络的形成，过去那种企业之间一次性的交易关系已被取代，逐步发展成为长期的、紧密的互动合作关系。在互动合作关系的建立过程中，信任机制的培育代表了合作伙伴间已经认可对方并且互相作用以共同完成目标，可以更加开放和坦诚地互相对待，以至于能够更有深度地利用对方资源，这些都能促进企业的开放式创新进而提升企业的创新能力。本研究证实了相互信任程度对企业的创新能力具有正向影响，说明信任机制对新知识获取和应用具有重要的积极作用。因此，企业在创新过程中，应该在相互信任的基础上，与合作伙伴加强合作深度，促进创新能力的提升，从而达到共同发展的目标。第三，加强和曾有合作经验的企业或机构的互动关系。企业和外部企业或机构拥有较好的合作经验的情况下，彼此相互了解、相互信任，有利于激发双方共享知识价值，共

同进行新知识的开发应用，能够更好地利用对方的异质性资源，从而有利于企业创新能力的提高。第四，避免过分依赖外部主体。过度依赖可能导致知识信息的重复流动，企业在技术开发上可能会出现负面的锁定效应。同时，过度依赖会导致企业在技术创新上不会有太多的突破性进展，即突破性创新能力或有所下降。

（4）在企业创新过程中，正确把握企业的交互行为

一方面，加深创新参与程度。在产品创新过程中，外部相关主体的参与往往能够促进企业有效地获得所需要的知识，更加深入地创新参与对识别创新相关重要的隐性知识是非常有利的。创新参与性高，外部主体容易形成对企业新产品开发新的认知，促进知识转移意愿，从而使企业顺利获取外部知识。外部主体参与到产品创新过程中，企业对新获取知识的应用更加方便快捷，也越能充分挖掘知识的价值。另一方面，加强企业的交互式学习。企业可以说是一个知识的集合体，从技术创新的视角看，知识是企业进行创新的基础，创新能力就是将知识转化为产品或服务的能力，因而企业需要通过各种途径向外界学习以获得新的知识。由于知识的分布性及异质性特征，任何企业所拥有的专业化知识都是不完全的，交互式学习的组成和结构也提醒企业去更为全面地思考如何借助外部知识资源来补充企业自身所不具备的，但在创新过程中又必不可少的知识，进而推进企业创新能力建设。本研究的结论也说明企业与不同的组织和机构开展不同形式的交互式学习以获取技术创新所需的知识，已经成为企业强化自身技术创新能力的一个重要手段，进一步地认识和了解交互式学习的组成与结构及对企业创新能力的影响，将有助于企业采取措施提高交互式学习的效果。

7.3　研究局限与未来研究展望

由于研究者自身水平和研究经费等方面的限制，本研究存在不少局限，有待于进一步研究及在后续研究中再加以完善。

7.3.1 研究局限

（1）研究内容。首先，本研究从交互式创新的视角研究企业交互性对创新能力的作用机理，并选取了企业交互性的四个不同层面的分析维度，但企业交互性的许多其他重要特征维度，如交互界面、交互环境等还没有考虑到本研究中；其次，本研究重点考察企业交互性对创新能力的直接作用，而没有深入探索有哪些重要的变量在其中起到了中介作用；最后，对于交互领导力作为调节变量的提出，属于探索性研究，理论基础的支持度相对还是薄弱了些。

（2）研究样本及数据。首先，尽管本研究花费了大量时间和精力，通过不同的途径实现了问卷的发放与回收，并且尽量兼顾了不同产业类型、产权性质、年龄及规模的制造企业，以保证有效问卷的数量和质量，但是，各行业特点千差万别，行业发展驱动力、行业所处的生命周期阶段也各不相同，使得分行业、分类型的深入研究难以实现；其次，部分变量测度指标体系仍有待改善，虽然本书结合已有研究量表和专家意见进行调查问卷设计，并通过效度和信度检验，以尽可能保证变量测度的有效性和可靠性，但是使用李克特量表的方式，采用受访者主观评分的方法仍不可避免地存有测度偏差和缺陷。另外，本研究中采用的样本数据都是截面数据，截面数据相对于纵向数据而言，还不能深入研究企业交互性与创新能力之间的动态关系。

（3）研究方法。本研究主要采用理论逻辑推演和大样本数据为基础的实证方法论证了企业交互性和企业创新能力之间的因果关系。但是更为严谨的因果关系应该增加纵向研究的分析，例如纵向单案例或纵向比较案例，本书还没有针对企业不同发展阶段对理论模型进行纵向研究。

7.3.2 未来研究展望

基于本研究的局限性，未来的研究将从以下几个方面继续深入探讨。

（1）研究内容。一是要厘清企业创新过程中，企业交互性提出涉及的理论基础和背景，为继续深度挖掘企业交互性的结构维度做好准备；二是丰富理论模型，加入适当的中介变量进一步研究；三是坚实交互领导力作为调节变量的理论基础，深化交互领导力在企业交互性和创新能力之间所起的作用；另外，在后续的研究中，也应该考虑加入其他的相关变量作为调节变量，例如政府的作用。

（2）研究样本及数据。首先，本研究将重点放在制造业企业上，虽然得出了一些有价值的结论，但是，制造业企业与其他行业企业之间的差异性还是比较明显的，为了体现理论模型的普适性，在后续研究中，可以分行业进行比较研究，从而为不同行业的企业提供更有价值的参考。其次，未来的研究中，应该用更加客观的方法对研究变量进行测度，这样做出的研究可能更加精细，研究的结论就会更具有可靠性与可重复性。另外，为研究模型中因果关系的动态性，计划收集一些企业的纵向数据进行进一步的分析。

（3）研究方法。在后续的研究中，应更多地引入时间框架进行纵向研究。如能在未来研究中获得纵向的大样本数据，可以深入细致地探析企业交互性构、交互领导力、创新能力、外部环境等要素作用机制随时间变化而不断演化的过程，这对于企业管理实践将更具有现实指导意义。另外需要提及的是，本书的主要研究变量都是潜变量，采用先做因子分析，再做多元回归的方式进行假设的验证和审视模型整体拟合优度，但从国内研究来看，涉及潜变量的研究多数采用先因子分析，再做结构方程模型的程序进行研究，然后看整体模型契合度和路径系数是否显著来进行假设的验证。两种方式具有一定的区别，在未来的研究中，也将尝试采用结构方程模型的方式进一步论证研究内容。

总之，企业交互性与创新能力关系研究是一个既有价值又富有挑战的领域，应结合我国企业运营的实际背景，继续深入考察二者之间的关系，形成更加有价值的理论，助力企业创新能力的提高。

7.4 本章小结

本章总结了本研究的主要结论，阐述了研究的理论贡献和实践意义；同时，指出了研究的缺陷和不足，并展望了未来的研究内容和方向。

附录 1

小样本数据正态检验结果

	样本数	最小值	最大值	平均值	标准差	峰度系数		偏度系数	
	统计	统计	统计	统计	统计	统计	误差	统计	误差
IC1	73	1.00	5.00	3.1096	0.99389	0.386	0.281	0.139	0.555
IC2	73	1.00	5.00	3.0274	0.98563	0.034	0.281	0.093	0.555
IC3	73	1.00	5.00	2.9589	1.04667	0.009	0.281	-0.182	0.555
IC4	73	1.00	5.00	3.0274	0.98563	0.123	0.281	-0.109	0.555
IC5	73	1.00	5.00	3.0685	1.03184	0.016	0.281	-0.539	0.555
IW1	73	1.00	5.00	3.5890	0.95504	-1.147	0.281	1.704	0.555
IW2	73	1.00	5.00	3.5205	0.92960	-0.701	0.281	0.705	0.555
IW3	73	1.00	5.00	3.3973	1.02388	-0.712	0.281	0.206	0.555
IW4	73	1.00	5.00	3.5616	0.94261	-0.336	0.281	-0.319	0.555
IW5	73	1.00	5.00	3.4110	1.14061	-0.409	0.281	-0.499	0.555
IW6	73	1.00	5.00	3.3425	1.08294	-0.457	0.281	-0.052	0.555
KM1	73	1.00	5.00	3.3288	0.92878	-0.283	0.281	0.314	0.555
KM2	73	1.00	5.00	3.3973	0.86184	-0.743	0.281	0.961	0.555
KM3	73	1.00	5.00	3.3836	1.00871	-0.423	0.281	-0.265	0.555
RN1	73	1.00	5.00	3.0548	1.35288	0.036	0.281	-1.145	0.555
RN2	73	1.00	5.00	2.7671	1.27498	0.205	0.281	-0.991	0.555
RN3	73	1.00	5.00	2.4658	1.33419	0.454	0.281	-0.952	0.555
RN4	73	1.00	5.00	2.5479	1.20233	0.402	0.281	-0.581	0.555
RN5	73	1.00	5.00	2.2192	1.32546	0.724	0.281	-0.772	0.555
RN6	73	1.00	5.00	2.2192	1.21617	0.708	0.281	-0.473	0.555
IB1	73	1.00	5.00	3.4384	0.94261	-0.584	0.281	0.344	0.555
IB2	73	1.00	5.00	3.4932	0.94462	-0.742	0.281	0.935	0.555
IB3	73	1.00	5.00	3.3836	0.99485	-0.495	0.281	-0.203	0.555
IB4	73	1.00	5.00	3.3562	0.96278	-0.490	0.281	-0.043	0.555
CE1	73	1.00	5.00	3.3562	0.96278	-0.586	0.281	-0.104	0.555

续表

	样本数	最小值	最大值	平均值	标准差	峰度系数		偏度系数	
	统计	统计	统计	统计	统计	统计	误差	统计	误差
CE2	73	1.00	5.00	3.5753	0.99886	-0.772	0.281	0.288	0.555
CE3	73	1.00	5.00	3.4658	0.94402	-0.663	0.281	0.402	0.555
ID1	73	1.00	5.00	3.1644	0.94301	-0.237	0.281	-0.749	0.555
ID2	73	1.00	5.00	3.2603	0.86646	-0.406	0.281	-0.024	0.555
ID3	73	1.00	5.00	3.3425	0.90091	-0.390	0.281	-0.007	0.555
PO1	73	1.00	5.00	3.1644	0.89774	-0.098	0.281	-0.206	0.555
PO2	73	1.00	5.00	3.1918	0.93775	-0.293	0.281	-0.222	0.555
PO3	73	1.00	5.00	3.2466	0.89413	-0.033	0.281	0.139	0.555
PO4	73	1.00	5.00	3.2740	0.87019	-0.310	0.281	0.102	0.555
PD1	73	1.00	5.00	3.3836	0.86007	-0.570	0.281	0.358	0.555
PD2	73	1.00	5.00	3.2192	0.85386	-0.305	0.281	0.062	0.555
PD3	73	1.00	5.00	3.1644	1.01398	-0.258	0.281	-0.497	0.555
VL1	73	1.00	5.00	3.6849	0.89562	-0.758	0.281	0.949	0.555
VL3	73	1.00	5.00	3.6438	0.80571	-0.894	0.281	1.907	0.555
VL4	73	1.00	5.00	3.5205	0.83516	-0.802	0.281	1.064	0.555
VL5	73	1.00	5.00	3.4658	0.76526	-0.455	0.281	0.670	0.555
VL6	73	1.00	5.00	3.5616	0.84961	-0.408	0.281	0.252	0.555
SL1	73	1.00	5.00	3.6164	0.81018	-0.470	0.281	0.650	0.555
SL2	73	1.00	5.00	3.4521	0.88256	-0.661	0.281	0.371	0.555
SL3	73	1.00	5.00	3.6301	0.84174	-0.783	0.281	0.641	0.555
SL4	73	1.00	5.00	3.3288	0.94362	-0.099	0.281	-0.592	0.555
SL5	73	1.00	5.00	3.3151	0.84782	-0.380	0.281	0.373	0.555
SL6	73	1.00	5.00	3.5616	0.88170	-0.380	0.281	0.038	0.555
SL7	73	1.00	5.00	3.3836	0.77514	-0.610	0.281	1.252	0.555
UL1	73	1.00	5.00	3.2740	1.03091	-0.422	0.281	-0.100	0.555
UL2	73	1.00	5.00	3.3836	1.04921	-0.461	0.281	-0.243	0.555
UL3	73	1.00	5.00	3.5068	1.04248	-0.472	0.281	-0.220	0.555

续表

	样本数	最小值	最大值	平均值	标准差	峰度系数		偏度系数	
	统计	统计	统计	统计	统计	统计	误差	统计	误差
UL4	73	1.00	5.00	3.3014	1.02313	-0.482	0.281	-0.320	0.555
UL5	73	1.00	5.00	3.2329	1.07394	-0.345	0.281	-0.500	0.555
UL6	73	1.00	5.00	3.2329	1.06093	-0.198	0.281	-0.534	0.555
UL7	73	1.00	5.00	3.3288	1.04156	-0.248	0.281	-0.201	0.555
UL8	73	1.00	5.00	3.2877	1.07341	-0.189	0.281	-0.467	0.555
HL1	73	1.00	5.00	3.3836	0.89179	-0.363	0.281	0.773	0.555
HL2	73	1.00	5.00	3.4932	0.89943	-0.332	0.281	0.379	0.555
HL3	73	1.00	5.00	3.4795	0.89922	-0.526	0.281	0.339	0.555
HL4	73	1.00	5.00	3.5205	0.89922	-0.534	0.281	0.442	0.555
HL5	73	1.00	5.00	3.3699	0.87412	-0.294	0.281	0.356	0.555
HL6	73	1.00	5.00	3.4384	0.83310	-0.244	0.281	0.913	0.555
IL1	73	1.00	5.00	3.4384	0.81626	-0.190	0.281	0.295	0.555
IL2	73	1.00	5.00	3.2055	0.92735	-0.641	0.281	0.435	0.555
IL3	73	1.00	5.00	3.3151	0.89562	-0.315	0.281	0.012	0.555
IL4	73	1.00	5.00	3.3014	0.89264	-0.399	0.281	-0.084	0.555
Valid N (listwise)	73								

附录 2

企业交互性对创新能力作用机理研究调查问卷

尊敬的女士/先生：

首先真诚地感谢您在百忙中对我们工作的支持，您对问题的回答将是对企业创新发展的有益之举，也衷心地祝愿您及您的企业，在往后的发展中取得更大的成就！

本问卷进行的是一项学术研究活动，旨在考察企业之间及企业与机构之间交互性对企业创新能力影响的情况。本问卷内容不涉及贵企业的商业机密，所获信息绝不外泄，也不会用于任何商业目的，请您放心并客观地填写。答案没有对与错，若有某个问题未能完全表达您的意见时，请选择最接近您看法的答案。

您的回答对我们的研究相当重要，非常感谢您的合作，若有疑问，请联系企业交互创新课题组，电子邮箱：xgypolo@ 163. com。

第一部分　基本信息（请您如实填写以及在认可的选项“□”处打“√”）

1. 贵企业成立于（　　　　）年（如 1990 年）。
2. 贵企业注册地属于（　　　　）市（如青岛）。
3. 贵企业员工总人数为（　　　　）人。
4. 贵企业的固定资产总值约合（　　　　）万元人民币。
5. 贵企业年销售总额约合（　　　　）万元人民币。
6. 您在贵企业工作年限为：

□0 ~ 1 年　□2 ~ 4 年　□5 ~ 7 年　□8 ~ 10 年　□11 ~ 15 年　□15 年以上

7. 您在贵企业的职务等级属于：

□总经理　□部门经理　□基层主管　□普通员工　□其他（请注明）______

8. 您的工作性质属于：

□技术　□生产　□市场（销售）　□行政后勤　□其他（请注明）______

9. 贵企业主导业务所在行业属于：

□食品生产　□纺织服装　□机械制造　□建筑业

□电子及通信设备制造　□软件　□专用仪器仪表制造　□生物制药

□新材料　□新能源　□其他行业（请注明）______

10. 贵企业性质属于：

□国有企业　□民营企业　□外资企业　□其他（请注明）______

11. 贵企业近两年内专门从事研发人员占员工总人数的平均比重约为：

□小于2%　□3%～5%　□6%～10%　□11%～15%　□16%～20%

□20%以上

12. 贵企业近两年研发投入的费用占当年销售总额的平均比例约为：

□少于0.5%　□0.5%～1%　□1%～1.5%　□1.5%～2%

□2%～5%　□5%以上

第二部分　企业创新能力测量问卷

下表是对企业创新能力的各项描述，请在与贵企业实际情况相符得分处打√。

■企业创新能力测量问卷

序号	代码	企业创新能力的测量，需要考虑以下因素（请选择）：“1”表示非常不同意，“2”表示不同意，“3”表示一般，“4”表示同意，“5”表示非常同意	非常不同意	不同意	一般	同意	非常同意
1	IC1	与竞争对手相比，贵企业推出新产品的速度更快	1	2	3	4	5
2	IC2	与竞争对手相比，贵企业能够抢先进入新市场	1	2	3	4	5
3	IC3	与竞争对手相比，贵企业研发投入力度更大	1	2	3	4	5
4	IC4	与竞争对手相比，贵企业技术人员投入更多	1	2	3	4	5
5	IC5	与竞争对手相比，贵企业非研发投入力度更大	1	2	3	4	5

第三部分　企业交互性测量问卷

下表是对企业交互性的各项描述，请在与贵企业实际情况相符得分处打√。

■交互意愿测量问卷

序号	代码	企业交互意愿的测量，需要考虑以下方面（请选择）："1"表示非常不同意，"2"表示不同意，"3"表示一般，"4"表示同意，"5"表示非常同意	非常不同意	不同意	一般	同意	非常同意
6	IW1	贵企业愿意付出努力和客户进行互动交流去获取有用信息	1	2	3	4	5
7	IW2	贵企业愿意付出努力和供应商进行互动交流去获取有用信息	1	2	3	4	5
8	IW3	贵企业愿意付出努力和竞争者进行互动交流去获取有用信息	1	2	3	4	5
9	IW4	贵企业愿意付出努力和相关行业的合作者进行互动交流去获取有用信息	1	2	3	4	5
10	IW5	贵企业愿意付出努力和大学、科研机构进行互动交流去获取有用信息	1	2	3	4	5
11	IW6	贵企业愿意付出努力和科技服务机构进行互动交流去获取有用信息	1	2	3	4	5

■知识匹配度测量问卷

序号	代码	知识匹配度的测量，需要考虑以下方面（请选择）："1"表示非常不同意，"2"表示不同意，"3"表示一般，"4"表示同意，"5"表示非常同意	非常不同意	不同意	一般	同意	非常同意
12	KM1	在创新过程中，贵企业更多是和知识互补性更强的企业或机构进行交流与合作	1	2	3	4	5
13	KM2	在创新过程中，贵企业更多是和知识兼容性更好的企业或机构进行交流与合作	1	2	3	4	5
14	KM3	在创新过程中，贵企业更多是和知识相关性更大的企业或机构进行交流与合作	1	2	3	4	5

■交互关系数量测量问卷

序号	代码	交互关系数量的测量，需要考虑以下因素（请选择）："1" 表示［1，5］，"2" 表示［6，10］，"3" 表示［11，15］，"4" 表示［16，20］，"5" 表示［21 以上］	［1，5］	［6，10］	［11，15］	［16，20］	［21 以上］
15	RN1	在创新过程中，与贵企业直接互动交流的客户数量	1	2	3	4	5
16	RN2	在创新过程中，与贵企业直接互动交流的供应商数量	1	2	3	4	5
17	RN3	在创新过程中，与贵企业直接互动交流的竞争者数量	1	2	3	4	5
18	RN4	在创新过程中，与贵企业直接互动交流的相关行业的合作者数量	1	2	3	4	5
19	RN5	在创新过程中，与贵企业直接互动交流的大学与科研机构数量	1	2	3	4	5
20	RN6	在创新过程中，与贵企业直接互动交流的科技服务机构数量	1	2	3	4	5

■相互信任程度测量问卷

序号	代码	相互信任程度的测量，需要考虑以下方面（请选择）："1" 表示非常不同意，"2" 表示不同意，"3" 表示一般，"4" 表示同意，"5" 表示非常同意	非常不同意	不同意	一般	同意	非常同意
21	IB3	在创新过程中，贵企业和创新伙伴都不会利用机会主义从对方获利	1	2	3	4	5
22	IB4	在创新过程中，贵企业和创新伙伴都不会误导对方的行为	1	2	3	4	5

■合作经验测量问卷

序号	代码	合作经验的测量，需要考虑以下方面（请选择）："1" 表示非常不同意，"2" 表示不同意，"3" 表示一般，"4" 表示同意，"5" 表示非常同意	非常不同意	不同意	一般	同意	非常同意
23	CE1	贵企业和创新伙伴的合作关系总是保持比较长时间	1	2	3	4	5
24	CE2	贵企业和创新伙伴之间有过成功的合作项目	1	2	3	4	5
25	CE3	贵企业对和创新伙伴曾经的合作非常满意	1	2	3	4	5

■依赖程度测量问卷

序号	代码	依赖程度的测量，需要考虑以下方面（请选择）："1" 表示非常不同意，"2" 表示不同意，"3" 表示一般，"4" 表示同意，"5" 表示非常同意	非常不同意	不同意	一般	同意	非常同意
26	ID1	在创新过程中，贵企业在产品开发上经常依赖其他企业或机构	1	2	3	4	5
27	ID2	在创新过程中，贵企业在某些技术环节上经常依赖其他企业或机构	1	2	3	4	5
28	ID3	贵企业要取得好的创新绩效，经常离不开其他企业或机构	1	2	3	4	5

■创新参与时机测量问卷

序号	代码	创新参与时机的测量，需要考虑以下方面（请选择）："1" 表示非常不同意，"2" 表示不同意，"3" 表示一般，"4" 表示同意，"5" 表示非常同意	非常不同意	不同意	一般	同意	非常同意
29	PO1	其他企业或机构总是较早地参与到贵企业的产品开发过程中	1	2	3	4	5
30	PO2	其他企业或机构总是在产品构思及概念形成阶段就参与到贵企业的新产品开发过程中	1	2	3	4	5
31	PO3	其他企业或机构经常在产品工艺设计阶段参与到贵企业的新产品开发过程中	1	2	3	4	5

■创新参与程度测量问卷

序号	代码	创新参与程度的测量，需要考虑以下方面（请选择）："1" 表示非常不同意，"2" 表示不同意，"3" 表示一般，"4" 表示同意，"5" 表示非常同意	非常不同意	不同意	一般	同意	非常同意
32	PD2	其他企业或机构经常参与到贵企业创新过程的各个阶段	1	2	3	4	5
33	PD3	其他企业或机构投入了大量时间、精力与资源和贵企业共同完成企业产品创新	1	2	3	4	5

■企业间纵向交互式学习测量问卷

序号	代码	企业间纵向交互式学习的测量，需要考虑以下方面（请选择）："1" 表示非常不同意，"2" 表示不同意，"3" 表示一般，"4" 表示同意，"5" 表示非常同意	非常不同意	不同意	一般	同意	非常同意
34	VL1	在创新过程中，贵企业经常分析识别客户的需求	1	2	3	4	5
35	VL3	在创新过程中，贵企业经常与客户建立良好的非正式关系	1	2	3	4	5
36	VL4	在创新过程中，贵企业经常与供应商开展技术方面的合作	1	2	3	4	5
37	VL5	在创新过程中，供应商经常提供并帮助贵企业快速适应新的物料供应和新型设备	1	2	3	4	5

■企业间横向交互式学习测量问卷

序号	代码	企业间横向交互式学习的测量，需要考虑以下方面（请选择）："1" 表示非常不同意，"2" 表示不同意，"3" 表示一般，"4" 表示同意，"5" 表示非常同意	非常不同意	不同意	一般	同意	非常同意
38	SL1	在创新过程中，贵企业经常会分析竞争对手的产品来改进自己的产品	1	2	3	4	5

续表

序号	代码	企业间横向交互式学习的测量，需要考虑以下方面（请选择）："1" 表示非常不同意，"2" 表示不同意，"3" 表示一般，"4" 表示同意，"5" 表示非常同意	非常不同意	不同意	一般	同意	非常同意
39	SL2	在创新过程中，贵企业经常会分析竞争对手的专利情况	1	2	3	4	5
40	SL3	在创新过程中，贵企业经常会分析竞争对手所采用的技术	1	2	3	4	5
41	SL6	在创新过程中，贵企业经常会与相关企业进行合作	1	2	3	4	5

■企业与知识生产机构间交互式学习测量问卷

序号	代码	企业与知识生产机构间交互式学习的测量，需要考虑以下方面（请选择）："1" 表示非常不同意，"2" 表示不同意，"3" 表示一般，"4" 表示同意，"5" 表示非常同意	非常不同意	不同意	一般	同意	非常同意
42	UL1	在创新过程中，大学经常为贵企业提供咨询服务	1	2	3	4	5
43	UL2	在创新过程中，贵企业经常与大学进行研发合作	1	2	3	4	5
44	UL3	在创新过程中，贵企业经常与大学有人员间的非正式联系	1	2	3	4	5
45	UL5	在创新过程中，贵企业经常利用大学的科研设备和检测仪器	1	2	3	4	5
46	UL6	在创新过程中，贵企业与科研院所经常进行研发合作	1	2	3	4	5
47	UL7	在创新过程中，科研院所经常为贵企业提供咨询服务	1	2	3	4	5
48	UL8	在创新过程中，贵企业与科研院所经常有人员间的非正式联系	1	2	3	4	5

■企业与科技服务机构间交互式学习测量问卷

序号	代码	企业与科技服务机构间交互式学习的测量，需要考虑以下方面（请选择）："1" 表示非常不同意，"2" 表示不同意，"3" 表示一般，"4" 表示同意，"5" 表示非常同意	非常不同意	不同意	一般	同意	非常同意
49	HL1	在创新过程中，贵企业经常通过与培训机构互动交流去获取有用信息	1	2	3	4	5
50	HL2	在创新过程中，贵企业经常通过与咨询机构互动交流去获取有用信息	1	2	3	4	5
51	HL3	在创新过程中，贵企业经常通过与行业协会和商会互动交流去获取有用信息	1	2	3	4	5
52	HL4	在创新过程中，贵企业经常通过与当地的行业技术中心互动交流去获取有用信息	1	2	3	4	5
53	HL5	在创新过程中，贵企业经常通过与投融资机构互动交流去获取有用信息	1	2	3	4	5
54	HL6	在创新过程中，贵企业经常通过与技术交易机构互动交流去获取有用信息	1	2	3	4	5

■交互领导力测量问卷

序号	代码	交互领导力的测量，需要考虑以下方面（请选择）："1" 表示非常不同意，"2" 表示不同意，"3" 表示一般，"4" 表示同意，"5" 表示非常同意	非常不同意	不同意	一般	同意	非常同意
55	IL1	在创新过程中，贵企业对创新伙伴的业务要求，他们能很好地执行与完成	1	2	3	4	5
56	IL2	在创新过程中，贵企业能较好地约束创新伙伴的行为	1	2	3	4	5
57	IL3	在创新过程中，当贵企业作出重要调整时，创新伙伴能够追随	1	2	3	4	5
58	IL4	在创新过程中，创新伙伴的目标始终和贵企业保持协调一致	1	2	3	4	5

调查问卷到此结束。

再次衷心感谢您的无私帮助，谢谢！

如您对本研究成果感兴趣，请留下您的联系方式，我们将把调研结果发送到您的邮箱，供您参阅。

工作单位：______________________________

电话：__________________________________

E - mail ________________________________

附录 3

大样本数据正态检验结果

	描述性统计								
	样本数	最小值	最大值	平均值	标准差	峰度系数		偏度系数	
	统计	统计	统计	统计	统计	统计	误差	统计	误差
IC1	258	1	5	3.19	0.822	0.016	0.152	0.621	0.302
IC2	258	1	5	3.31	0.886	-0.321	0.152	0.129	0.302
IC3	258	1	5	3.10	0.920	-0.111	0.152	-0.031	0.302
IC4	258	1	5	3.13	0.812	-0.246	0.152	0.095	0.302
IC5	258	1	5	3.22	0.784	-0.452	0.152	0.184	0.302
IW1	258	1	5	3.78	0.921	-0.942	0.152	0.984	0.302
IW2	258	1	5	3.77	0.891	-0.989	0.152	1.268	0.302
IW3	258	1	5	3.56	0.949	-0.801	0.152	0.691	0.302
IW4	258	1	5	3.72	0.872	-0.746	0.152	0.915	0.302
IW5	258	1	5	3.55	1.058	-0.559	0.152	-0.205	0.302
IW6	258	1	5	3.57	0.903	-0.406	0.152	-0.084	0.302
KM1	258	1	5	3.50	0.888	-0.668	0.152	0.525	0.302
KM2	258	1	5	3.51	0.922	-0.608	0.152	0.518	0.302
KM3	258	1	5	3.55	0.822	-0.577	0.152	0.885	0.302
RN1	258	1	5	2.89	1.342	0.307	0.152	-1.092	0.302
RN2	258	1	5	2.74	1.320	0.291	0.152	-1.051	0.302
RN3	258	1	5	2.45	1.260	0.618	0.152	-0.565	0.302
RN4	258	1	5	2.72	1.250	0.293	0.152	-0.898	0.302
RN5	258	1	5	2.12	1.311	0.875	0.152	-0.499	0.302
RN6	258	1	5	2.11	1.192	0.804	0.152	-0.358	0.302
IB3	258	1	5	3.09	1.013	-0.097	0.152	-0.412	0.302
IB4	258	1	5	3.31	0.961	-0.427	0.152	-0.288	0.302
CE1	258	1	5	3.55	0.818	-0.464	0.152	0.462	0.302
CE2	258	1	5	3.66	0.800	-1.000	0.152	1.663	0.302

续表

	描述性统计								
	样本数	最小值	最大值	平均值	标准差	峰度系数		偏度系数	
	统计	统计	统计	统计	统计	统计	误差	统计	误差
CE3	258	1	5	3. 54	0. 794	-0. 681	0. 152	0. 915	0. 302
ID1	258	1	5	3. 06	0. 902	-0. 123	0. 152	-0. 609	0. 302
ID2	258	1	5	3. 19	0. 913	-0. 270	0. 152	-0. 698	0. 302
ID3	258	1	5	3. 19	0. 960	-0. 195	0. 152	-0. 671	0. 302
PO1	258	1	5	3. 01	0. 882	-0. 084	0. 152	-0. 612	0. 302
PO2	258	1	5	3. 04	0. 918	-0. 176	0. 152	-0. 519	0. 302
PO3	258	1	5	3. 05	0. 938	-0. 442	0. 152	-0. 435	0. 302
PD2	258	1	5	2. 99	0. 921	-0. 256	0. 152	-0. 442	0. 302
PD3	258	1	5	3. 10	0. 904	-0. 304	0. 152	-0. 492	0. 302
VL1	258	1	5	3. 79	0. 816	-0. 670	0. 152	0. 807	0. 302
VL3	258	1	5	3. 71	0. 817	-0. 746	0. 152	0. 756	0. 302
VL4	258	1	5	3. 57	0. 787	-0. 701	0. 152	0. 807	0. 302
VL5	258	1	5	3. 43	0. 840	-0. 604	0. 152	0. 374	0. 302
SL1	258	1	5	3. 75	0. 794	-0. 747	0. 152	1. 273	0. 302
SL2	258	1	5	3. 43	0. 867	-0. 751	0. 152	0. 448	0. 302
SL3	258	1	5	3. 62	0. 777	-1. 021	0. 152	1. 774	0. 302
SL6	258	1	5	3. 56	0. 783	-0. 918	0. 152	1. 412	0. 302
UL1	258	1	5	3. 10	0. 969	-0. 152	0. 152	-0. 311	0. 302
UL2	258	1	5	3. 12	0. 949	-0. 160	0. 152	-0. 303	0. 302
UL3	258	1	5	3. 18	0. 970	-0. 364	0. 152	-0. 443	0. 302
UL5	258	1	5	2. 95	0. 969	0. 006	0. 152	-0. 332	0. 302
UL6	258	1	5	3. 10	1. 015	-0. 353	0. 152	-0. 643	0. 302
UL7	258	1	5	3. 08	0. 987	-0. 230	0. 152	-0. 584	0. 302
UL8	258	1	5	3. 10	0. 932	-0. 406	0. 152	-0. 409	0. 302
HL1	258	1	5	3. 29	0. 894	-0. 441	0. 152	-0. 121	0. 302
HL2	258	1	5	3. 31	0. 907	-0. 505	0. 152	-0. 060	0. 302

续表

	描述性统计								
	样本数	最小值	最大值	平均值	标准差	峰度系数		偏度系数	
	统计	统计	统计	统计	统计	统计	误差	统计	误差
HL3	258	1	5	3. 45	0. 895	-0. 696	0. 152	0. 592	0. 302
HL4	258	1	5	3. 36	0. 817	-0. 536	0. 152	0. 350	0. 302
HL5	258	1	5	3. 26	0. 893	-0. 494	0. 152	-0. 008	0. 302
HL6	258	1	5	3. 35	0. 927	-0. 492	0. 152	0. 185	0. 302
IL1	258	1	5	3. 40	0. 912	-0. 555	0. 152	0. 013	0. 302
IL2	258	1	5	3. 28	0. 826	-0. 509	0. 152	-0. 041	0. 302
IL3	258	1	5	3. 34	0. 819	-0. 542	0. 152	0. 483	0. 302
IL4	258	1	5	3. 36	0. 778	-0. 327	0. 152	0. 099	0. 302
Valid N (listwise)	258								

参考文献

[1] 艾米顿:《知识经济的创新战略——智慧的觉醒》,新华出版社1998年版。

[2] 蔡宁、潘松挺:《网络关系强度与企业技术创新模式的耦合性及其协同演化——以海正药业技术创新网络为例》,载于《中国工业经济》2009年第4期。

[3] 陈劲:《技术创新的系统观与系统框架》,载于《管理科学学报》1999年第2期。

[4] 陈劲、陈钰芬:《开放创新体系与企业技术创新资源配置》,载于《科研管理》2006年第27期。

[5] 陈力田、赵晓庆、魏致善:《企业创新能力的内涵及其演变——一个系统化的文献综述》,载于《科技进步与对策》2012年第7期。

[6] 陈琦:《企业电子商务商业模式设计——IT资源前因与绩效结果》,浙江大学博士学位论文,2010年。

[7] 陈晓萍、徐淑英、樊景立:《组织与管理研究的实证方法》,北京大学出版社2008年版。

[8] 陈学光:《网络能力、创新网络及创新绩效关系研究》,浙江大学博士学位论文,2007年。

[9] 杜杏叶:《信息传递的交互性在社会组织信息构建中的作用》,载于《情报杂志》2005年第25期。

[10] 段晓红:《企业家能力与企业创新能力的关系研究》,华中科技大学博士学位论文,2010年。

[11] 傅家骥:《技术创新学》,清华大学出版社1998年版。

[12] 郭春元:《网络组织核心企业领导力与网络组织运行效率关系研究》,天津财经大学硕士学位论文,2010 年。

[13] 郝斌、任浩:《企业间领导力:一种理解联盟企业行为与战略的新视角》,载于《中国工业经济》2011 年第 3 期。

[14] 何郁冰、陈劲:《开放式全面创新——理论框架与案例分析》,载于《西安电子科技大学学报》(社会科学版) 2009 年第 19 期。

[15] 侯吉刚、刘益、张宸璐:《基于知识整合的新产品开发研究》,载于《科技进步与对策》2009 年第 26 期。

[16] 侯杰泰、温忠麟、成子娟:《结构方程模型及其应用》,经济科学出版社 2004 年版。

[17] 黄芳铭:《社会科学统计方法学:结构方程模式》,五南图书出版股份有限公司 2004 年版。

[18] 黄晓晔、张阳:《关系网络视角下的企业知识管理研究》,载于《科技管理研究》2006 年第 26 期。

[19] 纪慧生、王红卫、陆强:《基于知识特征的企业研发伙伴选择》,载于《沈阳工业大学学报》(社会科学版) 2011 年第 4 期。

[20] 贾理群、汪应洛:《新熊彼特主义学派关于技术创新理论的研究进展》,载于《中国科技论坛》1995 年第 5 期。

[21] 贾丽娜:《基于用户参与的企业交互式创新项目绩效影响因素研究》,浙江大学硕士学位论文,2007 年。

[22] 简兆权、刘荣、马琦:《产业网络中关系镶嵌——结构镶嵌与创新绩效的关系——基于华南地区的实证研究》,载于《科技进步与对策》2010 年第 27 期。

[23] 孔祥纬:《基于支持向量机的我国家电企业创新能力评价指标体系研究》,北京交通大学博士学位论文,2009 年。

[24] 李随成、孟书魁、谷珊珊:《供应商参与新产品开发对制造企业技术创新能力的影响研究》,载于《研究与发展管理》2009 年第 21 期。

[25] 李随成、姜银浩:《用户参与产品创新的动因与方式》,载于《管理现代化》2008 年第 1 期。

［26］李随成、姜银浩：《供应商参与NPD与企业自主创新能力的关系机理研究》，载于《科研管理》2011年第32期。

［27］李支东、章文俊：《产品创新前端创意的形成：基于全员参与的系统模式》，载于《科技进步与对策》2010年第27期。

［28］连建新、余迎新、孟祥生、胡宝民：《基于知识交互作用的产业技术联盟与创新绩效关系研究》，载于《河北工业大学学报》2012年第41期。

［29］卢青伟：《团队特征、知识管理对新产品开发绩效的影响研究》，吉林大学博士学位论文，2010年。

［30］罗珉：《组织间关系理论最新研究视角探析》，载于《中国工业经济》2007年第29期。

［31］马庆国：《管理统计：数据获取，统计原理，SPSS工具与应用研究》，科学出版社2002年版。

［32］聂辉华、谭松涛、王宇峰：《创新、企业规模和市场竞争：基于中国企业层面的面板数据分析》，载于《世界经济》2009年第7期。

［33］彭新敏：《企业网络对技术创新绩效的作用机制研究：利用性—探索性学习的中介效应》，浙江大学博士学位论文，2009年。

［34］彭展声：《合作研发伙伴选择的群决策模型》，载于《统计与决策》2007年第3期。

［35］钱锡红、杨永福、徐万里：《企业网络位置、吸收能力与创新绩效——一个交互效应模型》，载于《管理世界》2010年第5期。

［36］邱皓政：《量化研究与统计分析（第三版）》，五南图书公司2005年版。

［37］任宗强：《基于创新网络协同提升企业创新能力的机制与规律研究》，浙江大学博士学位论文，2012年。

［38］宋保林、李兆友：《技术创新过程中技术知识流动何以可能》，载于《东北大学学报》（社会科学版）2010年第12期。

［39］宋志红：《企业创新能力来源研究》，对外经济贸易大学博士学位论文，2006年。

[40] 王树平:《基于知识管理的企业技术创新能力研究》，山东大学硕士学位论文，2006年。

[41] 王晓娟:《知识网络与集群企业竞争优势研究》，浙江大学博士学位论文，2007年。

[42] 王月平:《知识联盟R&D投入与绩效的关系——基于知识势差视角的研究》，载于《科技进步与对策》2010年第27期。

[43] 韦影:《企业社会资本与技术创新：基于吸收能力的实证研究》，载于《中国工业经济》2007年第9期。

[44] 魏江、寒午:《企业技术创新能力的界定及其与核心能力的关联》，载于《科研管理》1998年第19期。

[45] 魏江、许庆瑞:《企业创新能力的概念、结构、度量与评价》，载于《科学管理研究》1995年第13期。

[46] 温忠麟:《调节效应和中介效应分析》，教育科学出版社2012年版。

[47] 吴贵生:《技术创新管理》，清华大学出版社2000年版。

[48] 吴家喜、吴贵生:《组织间关系、外部组织整合与新产品开发绩效关系研究》，载于《软科学》2009年第23期。

[49] 吴洁、刘思峰、施琴芬:《基于知识供应链的知识创新与转移模型研究》，载于《科技进步与对策》2006年第12期。

[50] 吴明隆:《结构方程模型：AMOS的操作与应用》，重庆大学出版社2009年版。

[51] 谢荷锋:《企业员工知识分享中的信任问题实证研究》，浙江大学博士学位论文，2007年。

[52] 谢洪明、刘常勇、陈春辉:《市场导向与组织绩效的关系：组织学习与创新的影响——珠三角地区企业的实证研究》，载于《管理世界》2006年第2期。

[53] 徐碧琳、李涛:《网络组织核心企业领导力与网络组织效率关系研究》，载于《经济与管理研究》2011年第1期。

[54] 许冠南:《关系嵌入性对技术创新绩效的影响研究》，浙江大学博士学位论文，2008年。

[55] 薛捷:《区域创新中企业的交互式学习及其组成结构研究》，载于《科研管理》2010 年第 31 期。

[56] 野中郁次郎、竹内弘高:《创造知识的企业: 日美企业持续创新的动力》，知识产权出版社 2006 年版。

[57] 尹晓波:《竞争态势下的企业技术创新能力评价》，载于《运筹与管理》2005 年第 14 期。

[58] 郁培丽、李明玉:《技术知识匹配分析在企业技术引进项目选择中的应用》，载于《科学学与科学技术管理》2005 年第 11 期。

[59] 朱朝晖、陈劲:《开放创新的技术学习模式》，科学出版社 2008 年版。

[60] 朱亚丽、徐青、吴旭辉:《网络密度对企业间知识转移效果的影响——以转移双方企业转移意愿为中介变量的实证研究》，载于《科学学研究》2011 年第 29 期。

[61] Ahuja, G.. Collaboration networks, structural holes, and innovation: A longitudinal study. *Administrative science quarterly*, 2000, 45 (3): 425 - 455.

[62] Ahuja, G., & Katila, R.. Technological acquisitions and the innovation performance of acquiring firms: A longitudinal study. *Strategic Management Journal*, 2001, 22 (3): 197 - 220.

[63] Alavi, M., & Leidner, D. E.. Review: Knowledge management and knowledge management systems: Conceptual foundations and research issues. *MIS quarterly*, 2001: 107 - 136.

[64] Alchian, A. A., & Demsetz, H.. Production, information costs, and economic organization. *The American Economic Review*, 1972, 62 (5): 777 - 795.

[65] Allen, W. D.. Social networks and self-employment. *Journal of Socio - Economics*, 2000, 29 (5): 487 - 501.

[66] Alter, C., & Hage, J.. *Organizations working together*: Sage Publications Newbury Park, CA, 1993.

[67] Ancona, D. G., & Caldwell, D. F.. Bridging the boundary: External activity and performance in organizational teams. *Administrative science quarterly*, 1992: 634 - 665.

[68] Andersen, E. S., & Lundvall, B. A.. National innovation systems and the dynamics of the division of labour. *Systems of Innovation: Technologies, Institutions and Organizations, Pinter, London*, 1997: 242 - 265.

[69] Antonelli, C.. The dynamics of technological interrelatedness: the case of information and communication technologies. *Technology and the wealth of nations*, 1993: 194 - 207.

[70] Arthur, W. B.. *The nature of technology: What it is and how it evolves*: Free Pr, 2009.

[71] Asheim, B. T., & Coenen, L.. *The role of regional innovation systems in a globalising economy: comparing knowledge bases and institutional frameworks of Nordic clusters*, 2004.

[72] Asheim, B. T., & Cooke, P.. Local learning and interactive innovation networks in a global economy. *Making Connections: Technological learning and regional economic change*, 1999: 145 - 178.

[73] Asheim, B. T., & Isaksen, A.. Location, agglomeration and innovation: towards regional innovation systems in Norway? *European Planning Studies*, 1997, 5 (3): 299 - 330.

[74] Autio, E., Sapienza, H. J., & Almeida, J. G.. Effects of age at entry, knowledge intensity, and imitability on international growth. *Academy of management journal*, 2000, 43 (5): 909 - 924.

[75] Bagozzi, R. P., & Yi, Y.. On the evaluation of structural equation models. *Journal of the academy of marketing science*, 1988, 16 (1): 74 - 94.

[76] Barile, S., & Polese, F.. Linking the viable system and many-to-many network approaches to service-dominant logic and service science. *International Journal of Quality and Service Sciences*, 2010, 2 (1): 23 - 42.

[77] Barlow, J.. Innovation and learning in complex offshore construction projects. *Research Policy*, 2000, 29 (7): 973 - 989.

[78] Barney, J.. Firm resources and sustained competitive advantage. *Journal of management*, 1991, 17 (1): 99 - 120.

[79] Basalla, G.. *The evolution of technology*: Cambridge Univ Pr, 1988.

[80] Batjargal, B.. Social capital and entrepreneurial performance in Russia: A longitudinal study. *Organization Studies*, 2003, 24 (4): 535 - 556.

[81] Baum, J. A. C., Cowan, R., & Jonard, N.. Network-independent partner selection and the evolution of innovation networks. *Management Science*, 2010, 56 (11): 2094 - 2110.

[82] Bengtsson, M., & Solvell, O.. Climate of competition, clusters and innovative performance. *Scandinavian Journal of Management*, 2004, 20 (3): 225 - 244.

[83] Blancero, D., & Ellram, L.. Strategic supplier partnering: A psychological contract perspective. *International Journal of Physical Distribution & Logistics Management*, 1997, 27 (9/10): 616 - 629.

[84] Blattberg, R. C., & Deighton, J.. Interactive marketing: Exploiting the age of addressability. *Sloan Management Review*, 1991, 33 (1): 5 - 14.

[85] Bock, G. W., & Kim, Y. G.. Breaking the myths of rewards: An exploratory study of attitudes about knowledge sharing. *Information Resources Management Journal (IRMJ)*, 2002, 15 (2): 14 - 21.

[86] Brouthers, K. D., Brouthers, L. E., & Wilkinson, T. J.. Strategic alliances: choose your partners. *Long range planning*, 1995, 28 (3): 2 - 25.

[87] Burgelman, R. A., Maidique, M. A., & Wheelwright, S. C.. *Strategic management of technology and innovation*: McGraw - Hill Irwin Boston, 2004.

[88] Burt, R.. Structural Holes: The social construction of competition: Cambridge, Harvard University Press, 1992.

[89] Bygballe, L. E.. *Learning Across Firm Boundaries*. Norwegian School of Management, 2006.

[90] Capaldo, A.. Network structure and innovation: The leveraging of a dual network as a distinctive relational capability. *Strategic Management Journal*, 2007, 28 (6): 585 - 608.

[91] Carlsson, B.. *Technological systems and economic performance: the*

case of factory automation (Vol. 5): Springer, 1995.

[92] Carmines, E., & Mclver, J.. Analyzing models with unobserved models: Analysis of covariance structures. Beverly Hills: CA: Sage, 1981.

[93] Carr, A. S., & Pearson, J. N.. Strategically managed buyersupplier relationships and performance outcomes. *Journal of operations management*, 1999, 17 (5): 497-519.

[94] Chesbrough, H., Vanhaverbeke, W., & West, J.. *Open innovation: Researching a new paradigm*: OUP Oxford, 2008.

[95] Chesbrough, H., & Crowther, A. K.. Beyond high tech: early adopters of open innovation in other industries. *R&D Management*, 2006, 36 (3): 229-236.

[96] Chung, S. A., & Kim, G. M.. Performance effects of partnership between manufacturers and suppliers for new product development: the supplier's standpoint. *Research Policy*, 2003, 32 (4): 587-603.

[97] Clark, K. B.. The interaction of design hierarchies and market concepts in technological evolution. *Research Policy*, 1985, 14 (5): 235-251.

[98] Clark, L. A., & Watson, D.. Constructing validity: Basic issues in objective scale development. *Psychological assessment*, 1995, 7 (3): 309-319.

[99] Clark, P., Bennett, D., & Burcher, P., et al.. The decision-episode framework and computer-aided production management (CAPM). *International Studies of Management & Organization*, 1992, 22 (4): 69-80.

[100] Cohen, W. M., & Levinthal, D. A.. Absorptive capacity: a new perspective on learning and innovation. *Administrative science quarterly*, 1990: 128-152.

[101] Cooke, P.. Regional innovation systems: general findings and some new evidence from biotechnology clusters. *The Journal of Technology Transfer*, 2002, 27 (1): 133-145.

[102] Cooke, P., Morgan, K., & MyiLibrary.. *The associational economy: firms, regions, and innovation*: Oxford University Press Oxford, 1998.

[103] Cooper, R. G., & Kleinschmidt, E. J.. Benchmarking the firm's critical success factors in new product development. *Journal of product innovation management*, 1995, 12 (5): 374-391.

[104] Corswant, F.. *Organizing Interactive Product Development.* Chalmers University of Technology, 2003.

[105] Cummings, J. L., & Teng, B. S.. Transferring R&D knowledge: the key factors affecting knowledge transfer success. *Journal of Engineering and Technology Management*, 2003, 20 (1): 39-68.

[106] Cummings, L. L., & Bromiley, P.. The Organizational Trust Inventory (OTI): Development and validation. *Trust in organizations: Frontiers of theory and research., Thousand Oaks, CA, US: Sage Publications, Inc*, 1996: 302-330.

[107] David, P. A.. Understanding the economics of QWERTY: The necessity of history. *Economic history and the modern economist*, 1986: 30-49.

[108] De Boer, M., Van Den Bosch, F. A. J., & Volberda, H. W.. Managing organizational knowledge integration in the emerging multimedia complex. *Journal of Management Studies*, 1999, 36 (3): 379-398.

[109] Deighton, J.. The future of interactive marketing. *Harvard business review*, 1996, 74 (6): 151-162.

[110] DeVellis, R. F.. *Scale development: Theory and applications* (Vol. 26): Sage Publications, Inc, 2011.

[111] Doloreux, D., & Parto, S.. Regional innovation systems: Current discourse and unresolved issues. *Technology in Society*, 2005, 27 (2): 133-153.

[112] Dosi, G.. Technological paradigms and technological trajectories: a suggested interpretation of the determinants and directions of technical change. *Research policy*, 1982, 11 (3): 147-162.

[113] Dubois, A., & Gadde, L. E.. The construction industry as a loosely coupled system: implications for productivity and innovation. *Construction Manage-*

ment & Economics, 2002, 20 (7): 621 -631.

[114] Dunn, S. C. , Seaker, R. F. , & Waller, M. A. . Latent variables in business logistics research: scale development and validation. *Journal of Business Logistics*, 1994 (15): 145.

[115] Dutta, S. , Narasimhan, O. M. , & Rajiv, S. . Conceptualizing and measuring capabilities: Methodology and empirical application. *Strategic Management Journal*, 2005, 26 (3): 277 -285.

[116] Dyer, J. H. , & Hatch, N. W. . Relation pecific capabilities and barriers to knowledge transfers: creating advantage through network relationships. *Strategic Management Journal*, 2006, 27 (8): 701 -719.

[117] Dyer, J. H. , & Singh, H. . The relational view: Cooperative strategy and sources of interorganizational competitive advantage. *Academy of management review*, 1998, 23 (4): 660 -679.

[118] Edquist, C. . The Systemic Nature of Innovation. Systems of Innovation – Perspectives and Challenges. Fagerberg/Mowery/Nelson: Oxford, 2004.

[119] Edquist, C. , Malerba, F. , Metcalfe, J. S. , Montobbio, F. , & Steinmueller, W. E. . Sectoral systems: implications for European technology policy' . *Sectoral systems of innovation. Cambridge University Press*, *Cambridge*, 2004.

[120] Edquist, C. , & McKelvey, M. . Systems of innovation: growth, competitiveness and employment, Vol Ⅱ, Cheltenham, UK. *Northapton*, *MA*, *USA* (*eds*), 2000.

[121] Edward, M. . Technology and economic development: Harlow, Inglaterra, Longman, 1997.

[122] Eisenhardt, K. M. , & Tabrizi, B. N. . Accelerating adaptive processes: Product innovation in the global computer industry. *Administrative Science Quarterly*, 1995: 84 -110.

[123] Elg, U. , & Johansson, U. . Decision making in inter-firm networks as a political process. *Organization Studies*, 1997, 18 (3): 361.

[124] Escribano, A. , Fosfuri, A. , & Tribo, J. A. . Managing external

knowledge flows: The moderating role of absorptive capacity. *Research Policy*, 2009, 38 (1): 96 - 105.

[125] Fang, E.. Customer participation and the trade-off between new product innovativeness and speed to market. *Journal of Marketing*, 2008, 72 (4): 90 - 104.

[126] Fayers, P. M., & Machin, D.. Scores and measurements: validity, reliability, sensitivity. *Quality of Life: Assessment, analysis and interpretation*, 2002: 43 - 71.

[127] Fischer, M. M.. The innovation process and network activities of manufacturing firms. *Innovation, networks and localities*, 1999: 11 - 27.

[128] Fleck, J.. Learning by trying: the implementation of configurational technology. *Research Policy*, 1994, 23 (6): 637 - 652.

[129] Ford, D., Gadde, L. E., Håkansson, H., Snehota, I., & Waluszewski, A.. Analysing Business Interaction. *IMP Journal*, 2010, 4 (1): 82 - 103.

[130] Ford, D., Gadde, L. E., Håkansson, H., & Snehota, I.. Managing business relationships. *Recherche*, 2003 (67): 2.

[131] Ford, D., Håkansson, H., & Johanson, J.. How do companies interact? *Industrial Marketing Purchasing*, 1986, 1 (1): 25 - 41.

[132] Freeman, C.. Networks of innovators: a synthesis of research issues. *Research policy*, 1991, 20 (5): 499 - 514.

[133] Freeman, C., Clark, J., & Soete, L.. *Unemployment and technical innovation: a study of long waves and economic development*: Frances Pinter London, 1982.

[134] Freeman, C., & Unit, U. O. S. S.. *Technology policy and economic performance: lessons from Japan*: Pinter Publishers London, 1987.

[135] Fridlund, M.. *Den gemensamma utvecklingen: Staten, storföretaget och samarbetet kring den svenska elkrafttekniken*: Brutus Östlings Bokförlag Symposion, 1999.

[136] Fritsch, M.. Co-operation in regional innovation systems. *Regional Studies*,

2001, 35 (4): 297 -307.

[137] Gadde, L. E. , & Snehota, I. . Making the most of supplier relationships. *Industrial Marketing Management*, 2000, 29 (4): 305 -316.

[138] Gadrey, J. , & Gallouj, F. . The provider-customer interface in business and professional services. *Service Industries Journal*, 1998, 18 (2): 1 -15.

[139] Galaskiewicz, J. , & Zaheer, A. . Networks of competitive advantage. *Research in the Sociology of Organizations*, 1999, 16 (1): 237 -261.

[140] Gerwin, D. . Coordinating New Product Development in Strategic Alliances. *The Academy of Management Review*, 2004: 241 -257.

[141] Gibbons, M. . *The new production of knowledge: The dynamics of science and research in contemporary societies*: Sage Publications Ltd, 1994.

[142] Gilsing, V. . *The dynamics of innovation and interfirm networks: exploration, exploitation and co-evolution*: Edward Elgar Pub, 2005.

[143] Giuliani, E. . Towards an understanding of knowledge spillovers in industrial clusters. *Applied Economics Letters*, 2007, 14 (2): 87 -90.

[144] Gorsuch, R. L. . Exploratory factor analysis: Its role in item analysis. *Journal of personality assessment*, 1997, 68 (3): 532 -560.

[145] Grandin, K. , Wormbs, N. , & Widmalm, S. . *The science-industry nexus: history, policy, implications: Nobel Symposium* 123 (Vol. 123): Science History Pubns, 2004.

[146] Granstrand, O. . Corporate Innovation Systems: A Comparative Study of Multi -Technology Corporations in Japan, Sweden and the USA. *Chalmers University, Gothenburg.* [*Links*], 2000.

[147] Grant, R. M. . Prospering in dynamically-competitive environments: Organizational capability as knowledge integration. *Organization science*, 1996a, 7 (4): 375 -387.

[148] Grant, R. M. . Toward a knowledge-based theory of the firm. *Strategic management journal*, 1996b (17): 109 -122.

[149] Green, L. , Howells, J. , & Miles, I. . Services and innovation:

dynamics of service innovation in the European Union. *PREST and CRIC*, *University of Manchester*, 2001.

[150] Gulati, R.. Network location and learning: The influence of network resources and firm capabilities on alliance formation. *Strategic management journal*, 1999, 20 (5): 397 -420.

[151] Gulati, R., & Nickerson, J. A.. Interorganizational trust, governance choice, and exchange performance. *Organization Science*, 2008, 19 (5): 688 -708.

[152] Gummesson, E.. The new marketing eveloping long-term interactive relationships. *Long range planning*, 1987, 20 (4): 10 -20.

[153] Hage, J.. Innovation and Organization: New York: Wiley, 1998.

[154] Hage, J., & Dewar, R.. Elite values versus organizational structure in predicting innovation. *Administrative science quarterly*, 1973: 279 -290.

[155] Hair, J. F., Anderson, R. E., Tatham, R. L., & William, C.. Black (1998), Multivariate data analysis: Upper Saddle River, NJ: Prentice Hall, 1998.

[156] Håkansson, H.. *Industrial technological development: a network approach*: Croom Helm, 1987.

[157] Håkansson, H.. *Corporate technological behaviour: co-operation and networks*: Routledge London, 1989.

[158] Håkansson, H., & Ford, D.. How should companies interact in business networks? *Journal of business research*, 2002, 55 (2): 133 -139.

[159] Håkansson, H., & Group, I. P.. *International marketing and purchasing of industrial goods: An interaction approach*: Wiley Chichester, 1982.

[160] Håkansson, H., & Group, I. P.. *Business in networks*: Wiley Chichester, England, 2009.

[161] Håkansson, H., & Johanson, J.. *A model of industrial networks*: Routledge, 1992.

[162] Håkansson, H., & Johanson, J.. *Business network learning*: Emer-

ald Group Pub Ltd, 2001.

[163] Håkansson, H., & Waluszewski, A.. *Managing technological development: IKEA, the environment and technology*: Psychology Press, 2002.

[164] Håkansson, H., & Waluszewski, A.. Interaction. The only means to create use. *Knowledge and innovation in business and industry. The importance of using others, Routledge, London, New York*, 2007: 147 - 167.

[165] Håkansson, H., & Waluszewski, A.. Co-evolution in technological development. The role of friction. *Sinergie rivista di studi e ricerche*, 2011 (58).

[166] Hamel, G.. Competition for competence and interpartner learning within international strategic alliances. *Strategic management journal*, 1991, 12 (S1): 83 - 103.

[167] Hansen, M. T.. The search-transfer problem: The role of weak ties in sharing knowledge across organization subunits. *Administrative science quarterly*, 1999, 44 (1): 82 - 111.

[168] Henderson, R. M., & Clark, K. B.. Architectural innovation: The reconfiguration of existing product technologies and the failure of established firms. *Administrative science quarterly*, 1990: 9 - 30.

[169] Hinkin, T. R.. A brief tutorial on the development of measures for use in survey questionnaires. *Organizational research methods*, 1998, 1 (1): 104 - 121.

[170] Hipp, C., & Grupp, H.. Innovation in the service sector: The demand for service-specific innovation measurement concepts and typologies. *Research policy*, 2005, 34 (4): 517 - 535.

[171] Hobday, M.. The project-based organisation: an ideal form for managing complex products and systems? *Research policy*, 2000, 29 (7): 871 - 893.

[172] Hoholm, T.. *The Contrary Forces of Innovation*. Norwegian School of Management, 2009.

[173] Holmen, E.. Notes on a conceptualisation of resource-related embeddedness of interorganisational product development. *University of Southern Denmark*,

2001.

[174] Holmlund, M.. The D&D model-dimensions and domains of relationship quality perceptions. *Service Industries Journal*, 2001, 21 (3): 13-36.

[175] Horwitch, M., & Thietart, R. A.. The effect of business interdependencies on product R&D-intensive business performance. *Management Science*, 1987: 178-197.

[176] Howells, J.. Tacit Knowledge, Innovation and Technology Transfer. *Technology Analysis & Strategic Management*, 1996, 8 (2): 91-106.

[177] Hsu, C. W.. Formation of industrial innovation mechanisms through the research institute. *Technovation*, 2005, 25 (11): 1317-1329.

[178] Hsu, J.. *A late-industrial district?: Learning network in the Hsinchu science-based Industrial Park, Taiwan.* University of California, Berkeley, 1997.

[179] Hughes, T. P.. *American genesis: a century of invention and technological enthusiasm*, 1870-1970: University of Chicago Press, 2004.

[180] Hurley, R. F., & Hult, G. T. M.. Innovation, market orientation, and organizational learning: an integration and empirical examination. *The Journal of Marketing*, 1998, 62 (6): 42-54.

[181] Ichniowski, C., Shaw, K., & Prennushi, G.. The effects of human resource practices on manufacturing performance: A study of steel finishing lines. *American Economic Review*, 1997, 87 (3): 291-313.

[182] Ilkka, T.. Networks of Innovation: Change and Meaning in the Age of the Internet: Oxford University Press, 2002.

[183] Ingemansson, M.. Success as Science but Burden for Business?: On the difficult relationship between scientific advancement and innovation (Vol. Doctoral Thesis): Uppsala University, 2010.

[184] Inkpen, A. C.. Learning through joint ventures: a framework of knowledge acquisition. *Journal of Management Studies*, 2000, 37 (7): 1019-1044.

[185] Inkpen, A. C., & Tsang, E. W. K.. Social capital, networks, and

knowledge transfer. *The Academy of Management Review*, 2005: 146 - 165.

[186] Jarillo, J. C.. On strategic networks. *Strategic management journal*, 2006, 9 (1): 31 -41.

[187] Johannessen, J. A.. A systemic approach to innovation: the interactive innovation model. *Kybernetes*, 2009, 38 (1/2): 158 - 176.

[188] Johnsen, T., Phillips, W., Caldwell, N., & Lewis, M.. Centrality of customer and supplier interaction in innovation. *Journal of Business Research*, 2006, 59 (6): 671 -678.

[189] Johnson, B. C., Manyika, J. M., & Yee, L. A.. The next revolution in interactions. *McKinsey Quarterly*, 2005 (4): 20 -33.

[190] Joseph, K. J.. *Information Technology, Innovation System and Trade Regime in Developing Countries: India and the ASEAN*: Palgrave Macmillan, 2006.

[191] Kaufmann, A., & Todtling, F.. How effective is innovation support for SMEs? An analysis of the region of Upper Austria. *Technovation*, 2002, 22 (3): 147 - 159.

[192] Kaufmann, A., & Tödtling, F.. Science-industry interaction in the process of innovation: the importance of boundary-crossing between systems. *Research Policy*, 2001, 30 (5): 791 -804.

[193] Khoja, F., & Maranville, S.. The power of intrafirm networks. *Strategic Management Journal*, 2009 (8): 51 -70.

[194] Kline, R. B.. *Principles and practice of structural equation modeling.* New York: Guilford press, 2010.

[195] Kline, S. J., & Rosenberg, N.. An overview of innovation. *The positive sum strategy: Harnessing technology for economic growth*, 1986: 275 -305.

[196] Kogut, B., & Zander, U.. Knowledge of the firm, combinative capabilities, and the replication of technology. *Organization science*, 1992: 383 - 397.

[197] Koschatzky, K., Bross, U., & Stanovnik, P.. Development and inno-

vation potential in the Slovene manufacturing industry: analysis of an industrial innovation survey. *Technovation*, 2001, 21 (5): 311 -324.

[198] Koschatzky, K. , & Sternberg, R. . R&D cooperation in innovation systems ome lessons from the European Regional Innovation Survey (ERIS). *European Planning Studies*, 2000, 8 (4): 487 -501.

[199] Kostova, T. . Transnational transfer of strategic organizational practices: A contextual perspective. *Academy of management review*, 1999: 308 - 324.

[200] Kotler, P. . *Marketing Management: analysis, planning, implimentation and control.* NJ: pretice hall, 2000.

[201] Kristensson, P. , Gustafsson, A. , & Archer, T. . Harnessing the creative potential among users. *Journal of Product Innovation Management*, 2003, 21 (1): 4 -14.

[202] Kuhlmann, S. . Future governance of innovation policy in Europe-three scenarios. *Research policy*, 2001, 30 (6): 953 -976.

[203] Kuhlmann, S. , & Arnold, E. . *RCN in the Norwegian Research and Innovation System*: Fraunhofer ISI, 2001.

[204] Lagendijk, A. , & Charles, D. . Clustering as a new growth strategy for regional economies? A discussion of new forms of regional industrial policy in the United Kingdom. *BOOSTING INNOVATION THE CLUSTER APPROACH*, 1999, 127.

[205] Lagrosen, S. . Customer involvement in new product development: a relationship marketing perspective. *European Journal of Innovation Management*, 2005, 8 (4): 424 -436.

[206] Landeros, R. , Reck, R. , & Plank, R. E. . Maintaining Buyer and supplier Partnerships. *Journal of Supply Chain Management*, 1995, 31 (3): 2 -12.

[207] Landry, R. , & Amara, N. . 1 3 THE CHAUDIERE - APPALACHES SYSTEM OF INDUSTRIAL INNOVATIONS. *Local and regional Systems of Innovation*, 1998 (14): 257.

[208] Lane, P. J. , & Lubatkin, M. . Relative absorptive capacity and in-

terorganizational learning. *Strategic management journal*, 1998, 19 (5): 461 - 477.

[209] Lenox, M. J. , Rockart, S. F. , & Lewin, A. Y.. Does interdependency affect firm and industry profitability? An empirical test. *Strategic Management Journal*, 2010, 31 (2): 121 - 139.

[210] Leonard - Barton, D.. Core capabilities and core rigidities: A paradox in managing new product development. *Strategic management journal*, 2007, 13 (S1): 111 - 125.

[211] Levin, D. Z. , & Cross, R.. The strength of weak ties you can trust: The mediating role of trust in effective knowledge transfer. *Management science*, 2004, 50 (11): 1477 - 1490.

[212] Li, H. , & Leckenby, J. D.. Examining the effectiveness of Internet advertising formats. *Internet Advertising: Theory and Research*, *Routledge*, 2007: 203 - 224.

[213] Lichtenthaler, U. , & Lichtenthaler, E.. A Capability-based Framework for Open Innovation: Complementing Absorptive Capacity. *Journal of Management Studies*, 2009, 46 (8): 1315 - 1338.

[214] Liu, Y. , & Shrum, L. J.. What is interactivity and is it always such a good thing? Implications of definition, person, and situation for the influence of interactivity on advertising effectiveness. *Journal of Advertising*, 2002: 53 - 64.

[215] Lundvall, B. A.. *Product innovation and user-producer interaction*: Aalborg Universitetsforlag, 1985.

[216] Lundvall, B. A.. Innovation as an interactive process: from user-producer interaction to the national system of innovation. *Technical change and economic theory*, 1988: 369.

[217] Lundvall, B. A.. National systems of innovation. *Toward a theory of innovation and interactive learning*, *Londres*, *London Printer*, 1992.

[218] Lundvall, B. A. , Johnson, B. , Andersen, E. S. , & Dalum, B.. National systems of production, innovation and competence building. *Research poli-*

cy, 2002, 31 (2): 213 -231.

[219] Lusch, R. F. , & Brown, J. R. . Interdependency, contracting, and relational behavior in marketing channels. *The Journal of Marketing*, 1996, 60 (4): 19 -38.

[220] Madhok, A. , & Tallman, S. B. . Resources, transactions and rents: managing value through interfirm collaborative relationships. *Organization science*, 1998, 9 (3): 326 -339.

[221] Malecki, E. J. . Technology and Economic Development: The Development of Local, Regional and National Competitiveness: Harlow (UK): Addison Wesley Longman, 1997.

[222] Malerba, F. . Sectoral systems of innovation and production. *Research policy*, 2002, 31 (2): 247 -264.

[223] Marceau, J. , Manley, K. , & Sicklen, D. . *The high road or the low road? alternatives for Australia's future.* Sydney, NSW: Australian Business Foundation, 1997.

[224] Markus, H. , & Zajonc, R. B. . The cognitive perspective in social psychology. *Handbook of social psychology*, 1985 (1): 137 -230.

[225] Mattsson, L. G. . Impact of Stability in Supplier - Buyer Relations on Innovative Behavior in Markets. *Future Directions for Marketing, Cambridge, MA: Marketing Science Institute*, 1978: 207 -217.

[226] McEvily, B. , & Marcus, A. . Embedded ties and the acquisition of competitive capabilities. *Strategic Management Journal*, 2005, 26 (11): 1033 -1055.

[227] McLoughlin, I. . *Creative technological change: the shaping of technology and organisations*: Psychology Press, 1999.

[228] Meeus, M. T. H. , Oerlemans, L. A. G. , & Hage, J. . Patterns of interactive learning in a high-tech region. *Organization Studies*, 2001, 22 (1): 145 -172.

[229] Meeus, M. , & Oerlemans, L. . Innovation strategies, interactive

learning and innovation networks. *Innovation and Institutions*, 2005: 152 -189.

[230] Metcalfe, S.. The economic foundations of technology policy: equilibrium and evolutionary perspectives. *Handbook of the economics of innovation and technological change*, 1995, 446.

[231] Midgley, D. F., Morrison, P. D., & Roberts, J. H.. The effect of network structure in industrial diffusion processes. *Research Policy*, 1992, 21 (6): 533 -552.

[232] Moorman, C., Deshpande, R., & Zaltman, G.. Factors affecting trust in market research relationships. *The Journal of Marketing*, 1993: 81 -101.

[233] Morgan, E. J., & Crawford, N.. Technology broking activities in Europe a survey. *International Journal of Technology Management*, 1996, 12 (3): 360 -367.

[234] Morgan, K.. The learning region: institutions, innovation and regional renewal. *Regional studies*, 1997, 31 (5): 491 -503.

[235] Mowery, D., & Rosenberg, N.. The influence of market demand upon innovation: a critical review of some recent empirical studies. *Research Policy*, 1979, 8 (2): 102 -153.

[236] Muller, E., & Doloreux, D.. What we should know about knowledge-intensive business services. *Technology in Society*, 2009, 31 (1): 64 -72.

[237] Muller, E., & Zenker, A.. Business services as actors of knowledge transformation: the role of KIBS in regional and national innovation systems. *Research policy*, 2001, 30 (9): 1501 -1516.

[238] Murray, J. Y., & Kotabe, M.. Performance implications of strategic fit between alliance attributes and alliance forms. *Journal of Business Research*, 2005, 58 (11): 1525 -1533.

[239] Nahapiet, J., & Ghoshal, S.. Social capital, intellectual capital, and the organizational advantage. *Academy of management review*, 1998, 23 (2): 242 -266.

[240] Nahuis, R., Moors, E. H. M., & Smits, R. E. H. M.. User pro-

ducer interaction in context. *Technological Forecasting and Social Change*, 2012.

[241] Nelson, R. R.. *National innovation systems: a comparative analysis*: Oxford University Press, USA, 1993a.

[242] Nelson, R. R.. *National innovation systems: a comparative analysis*: Oxford University Press, USA, 1993b.

[243] Nelson, R. R., & Winter, S. G.. *An evolutionary theory of economic change*: Belknap press, 1982.

[244] Newell, S., Swan, J. A., & Galliers, R. D.. A knowledge ocused perspective on the diffusion and adoption of complex information technologies: the BPR example. *Information Systems Journal*, 2000, 10 (3): 239 - 259.

[245] Niedergassel, B., & Leker, J.. Different dimensions of knowledge in cooperative R&D projects of university scientists. *Technovation*, 2011, 31 (4): 142 - 150.

[246] Nishiguchi, T., & Ikeda, M.. Suppliers? process innovation: understated aspects of Japanese industrial sourcing. *Managing Product Development. Oxford University Press, New York, Oxford*, 1996: 206 - 230.

[247] Nooteboom, B.. Learning by interaction: absorptive capacity, cognitive distance and governance. *Journal of Management and Governance*, 2000, 4 (1): 69 - 92.

[248] Nooteboom, B.. Governance and competence: how can they be combined? *Cambridge Journal of Economics*, 2004, 28 (4): 505 - 525.

[249] Nowotny, H.. *The public nature of science under assault: politics, markets, science and the law*: Springer Verlag, 2005.

[250] Nunnally, J.. *Psychometric methods.* New York: McGraw - Hill, 1978.

[251] Nunnaly, J. C., & Bernstein, I. H.. *Psychometric Theory* (3rd edition ed.). New York: McGraw - Hill, 1994.

[252] OCDE.. Technology and Economy: the Key Relationships: OECD Paris, 1992.

[253] Owen - Smith, J., Riccaboni, M., Pammolli, F., & Powell,

W. W. . A comparison of US and European university-industry relations in the life sciences. *Management Science*, 2002: 24 –43.

[254] Pavitt, K. . Changing patterns of usefulness of university research. *The Science-industry Nexus: History, Policy, Implications, Science History Publications, Sagamore Beach, MA*, 2004: 119 –131.

[255] Penrose, E. . The growth of the firm. *New York and Oxford, New York: USA*, 1959.

[256] Peter, D. . Innovation and entrepreneurship. *The Entrepreneurial Economy*, 1985.

[257] Pisano, G. P. . The R&D boundaries of the firm: an empirical analysis. *Administrative Science Quarterly*, 1990, 35 (1): 153 –176.

[258] Pittaway, L. , Robertson, M. , Munir, K. , Denyer, D. , & Neely, A. . Networking and innovation: a systematic review of the evidence. *International Journal of Management Reviews*, 2004, 5 (3 –4): 137 –168.

[259] Porter, M. E. . What is strategy? *Harvard Business Review*, 1996 (74): 61 –78.

[260] Powell, W. W. , Koput, K. W. , & Smith – Doerr, L. . Interorganizational collaboration and the locus of innovation: Networks of learning in biotechnology. *Administrative science quarterly*, 1996: 116 –145.

[261] Powell, W. W. , & Grodal, S. . Networks of innovators. *The Oxford handbook of innovation*, 2005: 56 –85.

[262] Quinn, J. B. . *Intelligent enterprise: A knowledge and service based paradigm for industry*: Free Pr, 1992.

[263] Ramani, G. , & Kumar, V. . Interaction orientation and firm performance. *Journal of Marketing*, 2008, 72 (1): 27 –45.

[264] Robertson, M. , Scarbrough, H. , & Swan, J. . Knowledge, networking and innovation: Developing the process perspective. *KIN – Knowledge and Innovation Network in http://www.ki-network.org/papers.htm*, 2003a.

[265] Robertson, M. , Scarbrough, H. , & Swan, J. . Knowledge creation in

professional service firms: institutional effects. *Organization Studies*, 2003b, 24 (6): 831 -857.

[266] Robertson, M., Swan, J., & Newell, S.. The Role of Networks In the Diffusion of Technological Innovation. *Journal of Management Studies*, 1996, 33 (3): 333 -359.

[267] Robertson, T. S., & Gatignon, H.. Technology development mode: a transaction cost conceptualization. *Strategic Management Journal*, 1998, 19 (6): 515 -531.

[268] Rodan, S., & Galunic, C.. More than network structure: how knowledge heterogeneity influences managerial performance and innovativeness. *Strategic Management Journal*, 2004, 25 (6): 541 -562.

[269] Ronde, P., & Hussler, C.. Innovation in regions: what does really matter? *Research Policy*, 2005, 34 (8): 1150 -1172.

[270] Rosenberg, N.. *Inside the black box: technology and economics*: Cambridge Univ Pr, 1982.

[271] Rosenberg, N.. *Exploring the black box: Technology, economics, and history*: Cambridge Univ Pr, 1994.

[272] Rosenkopf, L., & Nerkar, A.. Beyond local search: boundary panning, exploration, and impact in the optical disk industry. *Strategic Management Journal*, 2001, 22 (4): 287 -306.

[273] Rothwell, R.. Successful industrial innovation: critical factors for the 1990s. *R&D Management*, 1992, 22 (3): 221 -240.

[274] Rothwell, R.. Towards the fifth-generation innovation process. *International marketing review*, 1994, 11 (1): 7 -31.

[275] Rothwell, R., & Zegveld, W.. *Reindustrialization and technology*: ME Sharpe, 1985.

[276] Sammarra, A., & Biggiero, L.. Heterogeneity and specificity of Inter - Firm knowledge flows in innovation networks. *Journal of Management Studies*, 2008, 45 (4): 800 -829.

[277] Scherer, F. M.. Firm size, market structure, opportunity, and the output of patented inventions. *The American Economic Review*, 1965, 55 (5): 1097 - 1125.

[278] Scott, W. R.. *Institutions and organizations*: Sage Publications, Inc, 2001.

[279] Shan, W., Walker, G., & Kogut, B.. Interfirm cooperation and startup innovation in the biotechnology industry. *Strategic management journal*, 1994, 15 (5): 387 - 394.

[280] Sherman, J. D., Souder, W. E., & Jenssen, S. A.. Differential effects of the primary forms of cross functional integration on product development cycle time. *Journal of Product Innovation Management*, 2000, 17 (4): 257 - 267.

[281] Sivadas, E., & Dwyer, F. R.. An examination of organizational factors influencing new product success in internal and alliance-based processes. *The Journal of Marketing*, 2000: 31 - 49.

[282] Slappendel, C.. Perspectives on innovation in organizations. *Organization Studies*, 1996, 17 (1): 107 - 129.

[283] Smits, R., & Kuhlmann, S.. The rise of systemic instruments in innovation policy. *International Journal of Foresight and Innovation Policy*, 2004, 1 (1): 4 - 32.

[284] Snehota, I., & Håkansson, H.. *Developing relationships in business networks*: Routledge Londres, 1995.

[285] Steuer, J.. Defining virtual reality: Dimensions determining telepresence. *Journal of communication*, 1992, 42 (4): 73 - 93.

[286] Swan, J., Bresnen, M., & Mendes, M., et al.. *Exploring interactivity in biomedical innovation: a framework and case study analysis.* Paper presented at the Proceedings of the Organizational knowledge, Learning and Capabilities Conference, Boston, 2005.

[287] Swan, J., Newell, S., & Robertson, M.. The diffusion, design

and social shaping of production management information systems in Europe. *Information Technology & People*, 2000, 13 (1): 27 -46.

[288] Swedberg, R.. *Markets as social structures*: Univ. Department of Sociology, 1993.

[289] Teece, D. J. P. G., & Shuen, A.. Dynamic Capabilities and Strategy Management. *Strategy Management Journal*, 1997, 18 (7): 509 -533.

[290] Teece, D. J.. Profiting from technological innovation: Implications for integration, collaboration, licensing and public policy. *Research policy*, 1986, 15 (6): 285 -305.

[291] Teece, D. J.. Competition, cooperation, and innovation: Organizational arrangements for regimes of rapid technological progress. *Journal of Economic Behavior & Organization*, 1992, 18 (1): 1 -25.

[292] Tsai, W.. Knowledge transfer in intraorganizational networks: effects of network position and absorptive capacity on business unit innovation and performance. *Academy of management journal*, 2001, 44 (5): 996 -1004.

[293] Tsai, W., & Ghoshal, S.. Social capital and value creation: The role of intrafirm networks. *Academy of management Journal*, 1998, 41 (4): 464 - 476.

[294] Tushman, M. L., & Nadler, D.. Organizing for innovation. *California management review*, 1986, 27 (3).

[295] Uzzi, B.. Social structure and competition in interfirm networks: The paradox of embeddedness. *Administrative science quarterly*, 1997, 42 (1): 35 - 67.

[296] Uzzi, B., & Spiro, J.. Collaboration and Creativity: The Small World Probleml. *American Journal of Sociology*, 2005, 111 (2): 447 -504.

[297] Van de Ven, A. H., & Chu, Y.. *A psychometric assessment of the Minnesota innovation survey*: New York: Harper and Row, 1989.

[298] Van Echtelt, F. E. A., Wynstra, F., Van Weele, A. J., & Duysters, G.. Managing Supplier Involvement in New Product Development: A Multiple-

case Study. *Journal of Product Innovation Management*, 2008, 25 (2): 180 - 201.

[299] Von Hipped, E.. The Source of Innovation: Oxford University Press, 1998.

[300] Von Hippel, E.. New product ideas from lead users? *Research Technology Management*, 1989, 32 (3): 24 - 27.

[301] Waluszewski, A.. When Science Shall Mean Business. From multifaceted to limited use of science? *The IMP Journal*, 2009, 3 (2): 3 - 19.

[302] Wasti, S. N., & Liker, J. K.. Collaborating with suppliers in product development: a US and Japan comparative study. *Engineering Management, IEEE Transactions on*, 1999, 46 (4): 444 - 460.

[303] Wedin, T.. *Networks and demand. The use of electricity in an industrial process*. Uppsala University, 2001.

[304] Weiss, D. J.. Factor analysis and counseling research. *Journal of Counseling Psychology*, 1970, 17 (5): 477.

[305] Wernerfelt, B.. A resource-based view of the firm. *Strategic management journal*, 1984, 5 (2): 171 - 180.

[306] Westphal, L. E., Kim, L., & Dahlman, C. J.. *Reflections on Korea's acquisition of technological capability*: Development Research Dept., Economics and Research Staff, World Bank, 1984.

[307] Weterings, A., & Boschma, R.. Does spatial proximity to customers matter for innovative performance? Evidence from the Dutch software sector. *Research Policy*, 2009, 38 (5): 746 - 755.

[308] Yli - Renko, H., Autio, E., & Tontti, V.. Social capital, knowledge, and the international growth of technology-based new firms. *International Business Review*, 2002, 11 (3): 279 - 304.

[309] Zaheer, A., McEvily, B., & Perrone, V.. Does trust matter? Exploring the effects of interorganizational and interpersonal trust on performance. *Organization science*, 1998, 9 (2): 141 - 159.

[310] Zaheer, A., & Bell, G. G.. Benefiting from network position: firm capabilities, structural holes, and performance. *Strategic management journal*, 2005, 26 (9): 809 - 825.

[311] Zahra, S. A., & Garvis, D. M.. International corporate entrepreneurship and firm performance: The moderating effect of international environmental hostility. *Journal of Business Venturing*, 2000, 15 (5): 469 - 492.

[312] Zaltman, G., Duncan, R., & Holbek, J.. *Innovations and organizations*: Wiley New York, 1973.

[313] Zander, U., & Kogut, B.. Knowledge and the speed of the transfer and imitation of organizational capabilities: An empirical test. *Organization science*, 1995, 6 (1): 76 - 92.

[314] Zhao, L., & Aram, J. D.. Networking and growth of young technology-intensive ventures in China. *Journal of business venturing*, 1995, 10 (5): 349 - 370.

[315] Zhao, M.. Conducting R&D in countries with weak intellectual property rights protection. *Management Science*, 2006: 1185 - 1199.